Efeze

Efeze

Ds. A.H. Driest

Uitgeverij De Vuurbaak Barneveld 1999

Serie Bijbel en kerk

Uitgave in samenwerking met de
Gereformeerde Bijbelstudiebond

Gereformeerde Bijbelstudiebond

ISBN 90 5560 161 6
NUGI 632

Omslag: Nedag Grafisch bedrijf

Inhoud

Paulus heeft Efeze waarschijnlijk driemaal bezocht. In ieder geval op zijn tweede en derde zendingsreis en misschien ook nog op een latere reis.

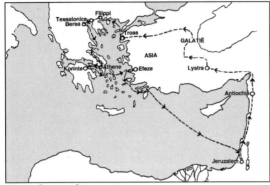

Tweede zendingsreis

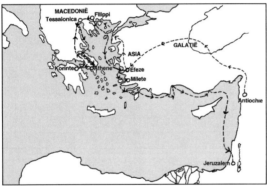

Derde zendingsreis

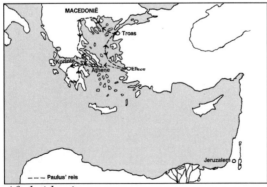

Afscheidsreis

1 Efeze[1] – Kijken met andere ogen

1.1 Inleiding

Je hebt van die momenten dat je je ogen uitwrijft van verbazing. "Hoe is het mogelijk? Dat ik jou hier ontmoet. Niet te geloven." De Bijbel toont dat het nog sterker kan. Dit boek beschrijft voorvallen die je niet voor mogelijk houdt. Je gelooft je ogen niet. Zie ik dat echt goed? We denken hier aan personen die een relatie met God hebben. De profeet Elisa zag dingen die niemand zag: een hemels leger dat een beschermende ring om de stad Samaria vormde. Elisa zag die strijdmacht. En even later zag zijn knecht die ook. Anderen zagen niets (2 Kon. 6:17).

Wat een adembenemend moment voor Maria van Magdala. Ze had meegeholpen om haar dode Heer Jezus te begraven. Zij zag Hem als eerste terug buiten het graf: levend! (Joh. 20:16). Ze herkende Hem eerst niet, tot Jezus haar ogen opende.

Denk aan Petrus die in de gevangenis zat. In de nacht stond hij ineens oog in oog met een engel. Hij dacht dat hij droomde. De engel leidde hem naar buiten. Alle deuren gingen voor Petrus open (Hand. 12:11).

Denk aan Paulus die op weg was naar Damascus. Op jacht om leden van de kerk van Jezus Christus op te pakken. Ineens klonk uit de hemel de stem van Jezus. Die zei: "Saul, Saul, waarom vervolg je Mij?" En Saul ontdekte: Jezus leeft! In plaats van een vervolger werd hij een volgeling van Jezus. Hij bekeek de wereld en de kerk ineens met heel andere ogen. Hij ging voor Jezus op de knieën en zocht Hem in gebed (Hand. 9:11 slot).

Deze voorbeelden laten zien dat er meer is dan wij met onze lichamelijk ogen kunnen zien. En dat zullen we niet uit het oog mogen verliezen. Ook niet als er geen spectaculaire tekenen gebeuren, zoals zichtbare engelen en een sprekende Jezus. Door het geloof mogen we meer ontdekken dan de signalen die onze lichamelijke oren of ogen opvangen. Ook als het gaat om heel gewoon lijkende dingen.

---

1. We hanteren niet de naam Efeziërs maar de naam Efeze. De laatste naam is in ons spraakgebruik het meest gangbaar.

Wie in God gaat geloven, maakt een wonder mee. Het is het wonder van de wedergeboorte. Denk aan jongelui die belijdenis van het geloof afleggen. Dit is gebeurd door Gods ingrijpen. En de kracht die God in hun leven aanwendt om hen tot geloof te brengen, is dezelfde als waarmee Hij iemand uit de dood opwekt. Want van zichzelf komt geen mens tot geloof (DL III/IV art. 12).

Stelt u zich eens een moment voor dat u niet geloofde en het boek Efeze zou gaan lezen. U zou op heel vreemde dingen stuiten. Ongeloofwaardige dingen.
Wie gaat nu een Heer dienen die je nog nooit hebt gezien? Wie gaat nu geloven dat je leven te maken heeft met engelen die je nog nooit hebt ontmoet en die je alleen kent van horen zeggen?
De gemeenteleden van Efeze hebben het gedaan. Ze kwamen tot geloof en zeiden: God bestaat en Hij heeft een wereldplan en Hij is machtiger dan wij denken. Van deze grootheid van God getuigt Paulus in het boek Efeze. De Heilige Geest leidt Paulus in het schrijven van een brief aan de gemeente in Efeze. Om de leden van de gemeente te helpen.
Om maar iets te noemen: zij laten zich neerdrukken door de gevangenschap van Paulus. De apostel laat merken: daar is met zo'n sterke God als wij hebben, geen reden voor.
Wie herkent dit niet: de aarzeling en de zwakheid van je geloof op momenten waarbij je de greep op het leven lijkt kwijt te zijn. Als er in je persoonlijke leven veel tegenslagen zijn of als er in je kerk vervelende dingen gebeuren.
Het boek Efeze tilt je boven je eigen beperkte, zichtbare wereldje uit. Daarom is het een heel bemoedigend boek.

Maar met deze constatering zijn we niet klaar. Want méér ontdekken dan we zien, vraagt wel om speciale ogen. Paulus vraagt aan God of Hij aan de kerkleden van Efeze zulke ogen wil geven. Deze unieke ogen heten: verlichte ogen van het hart (Ef. 1:18).

Je kunt ook zeggen: het gaat om ogen van het geloof. De schrijver aan de Hebreeën zei het zo: "Het geloof nu is de zekerheid der dingen, die men hoopt, en het bewijs der dingen, die men niet ziet" (Heb. 11:1).

We willen samen de brief van Paulus aan de gemeente van Efeze lezen en overdenken. Maar zonder gebed om de juiste ogen zal het niet gaan: om te kunnen 'kijken met andere ogen'.

Vóór u begint

Tip 1

Bijbelstudie betekent: keuzen maken. Op welke manier ga ik het aanpakken? Aan u de taak om te kiezen. Ga je als vereniging wel of geen gebruikmaken van een inleiding? Het hangt er maar van af hoe u dit boek voor uw vereniging beoordeelt. Misschien vindt u het te veel om aan de geboden uitleg ook nog een inleiding toe te voegen. Gaat u alle aandachtspunten van de voorstudie langs, ja of nee? Behandelt u elke keer alle vragen of maakt u een selectie? Zo zijn er verschillende vormen van aanpak te bedenken. Mijn advies is: doe niet altijd alles. Niet het vele is goed! Ik wil daar vooral mee zeggen: maak uzelf geen slaaf van een handleiding. Waar het vooral op aankomt, is dat u zelf ontdekkingen doet.

Hebt u weinig tijd en moet u kiezen: of goede aandacht geven aan het lezen van het bijbelgedeelte of het doornemen van een verklaring? Kies dan niet voor het laatste.

Hebt u voldoende tijd? Lees altijd eerst het bijbelgedeelte. En ga op ontdekkingstocht.

Tip 2

Een mooie methode van zelf ontdekken is de zogenaamde Zweedse methode. Daarbij ontvangt iedere deelnemer een fotokopie van de tekst die de volgende bijbelstudieavond aan de beurt is. (Rond de tekst moet voldoende ruimte zijn om opmerkingen te schrijven.)

Lees het gedeelte twee keer aandachtig door.

Zet in de kantlijn:

?   als iets onduidelijk is

!   als er bij u een lichtje opgaat, nu begrijp ik het!

++   bij een vers of gedeelte dat u raakt

Onderstreep wat u belangrijk vindt.

Neem vervolgens een verklaring. U kunt daarvan alles doornemen, maar ook die onderdelen opzoeken die u belangrijk vindt.

Vervolgens gaat u na wat u op de vereniging wilt inbrengen.

Tip 3

Als voorbereiding op het lezen van de brief aan Efeze is het goed om kennis te nemen van wat Paulus in Efeze gedaan heeft. Lees daarvoor Handelingen 19 en 20:36-38.

Tip 4

U gaat de brief in gedeelten doornemen. Doe dat in een aantal maanden. En stel nu eens dat u daarna nog een avond 'open' hebt, lees dan de hele brief nog eens met elkaar door, als zat u in de kerk van Efeze, toen deze brief werd voorgelezen. Geef na elk hoofdstuk een korte pauze voor reacties op de volgende twee vragen:

1. wat vond u erg treffend?

2. waar wilt u nog even over doorpraten?

Op deze manier blijft de brief beter 'hangen'. U krijgt meer oog voor de samenhang en u ontdekt weer nieuwe dingen.

1.2 Wie is Paulus, de schrijver van de brief?

Paulus was een man van aanzien: hij was een jood, die tegelijk in het bezit was van het Romeinse burgerrecht. Hij groeide op in de stad Tarsus, een stad met scholen die wij vandaag de naam universiteit zouden geven. Paulus is op de hoogte van de Griekse wijsbegeerte en literatuur (Hand. 17:18, 28). Al vrij jong verhuisde hij naar Jeruzalem. Hij kreeg onderwijs van de joodse wetgeleerden, waaronder de beroemde Gamaliël (Hand. 22:3). Het meest opvallende moment uit zijn leven is zijn plotselinge bekering, juist in een tijd waarin hij de christelijke kerk hartstochtelijk vervolgde. Paulus leek een prima Farizeeër te worden. Hij had een goed verstand, was ijverig en leefde streng religieus (Hand. 26:5).
Maar Jezus Christus riep hem om zijn apostel te worden. God sloot zijn verdwaasde ogen voor een tijd om hem 'andere' ogen te geven (Hand. 9:8 -12). Later mocht Paulus op veel plaatsen in de wereld gemeenten stichten. Hij bleef er vaak maar kort. Met de gemeente van Efeze had hij een speciale band. Want daar heeft hij, bij elkaar genomen, zeker drie jaar gewerkt (Hand. 20:31).

1.3 De situatie van Paulus

De apostel Paulus weet zich uitgezonden door Jezus Christus. Het was voor hem geen pretje om zendeling te zijn. Laten we vooral niet vergeten dat Paulus om deze reden gevangen zit. Hij verblijft in de stad Rome. De apostel zit niet in een muffe onderaardse cel. Hij heeft huisarrest. Paulus mag wel mensen ontvangen en hij kan nog brieven schrijven, waaronder de brief aan de gemeente van Efeze.

Paulus' gevangenschap begon in de stad Jeruzalem. Hij was daar gezien in het gezelschap van Grieken. Men beschuldigde hem ervan dat hij deze niet-joden in de tempel had gebracht; op een plaats waar alleen joden mochten komen. Paulus bestreed deze beschuldiging. Maar het baatte niet. Hij werd gevangen gezet. Eerst in Jeruzalem en later in de joodse havenplaats Caesarea. Hij sprak daar met hooggeplaatste personen: met stadhouder Felix, vervolgens met stadhouder Festus en ook met koning Herodes Agrippa. Zijn situatie leek uitzichtloos. Hij beriep zich ten slotte op de keizer. Hij wilde in Rome voor de keizerlijke rechtbank terechtstaan. Hij kon dit verzoek doen, omdat hij de rechten had van een Romeins burger.

1.4 De stad Efeze

Efeze was een belangrijke stad: de hoofdstad van de provincie Asia. Het aantal inwoners in de tijd van Paulus wordt geschat op 300.000. Efeze was voor die tijd dus een geweldig grote plaats. De stad was een tijdlang even belangrijk als Athene en Jeruzalem. Het was de stad van de beroemde godin Artemis, ook wel Diana genoemd, van wie men een beeld bezat. Dit beeld was, naar men zei, uit de hemel gevallen. De tempel van deze godin behoorde tot een van de zeven wereldwonderen. Handige zakenlui maakten koperen afbeeldingen van de tempel en verkochten die aan mensen die de tempel bezochten. In deze stad woonde een flink aantal joden.

1.5 Paulus' relatie met de kerk van Efeze

Naar wij weten, heeft Paulus zeker twee perioden in Efeze gewerkt. De eerste keer (Hand. 18) wordt melding gemaakt van een bezoek aan de joodse synagoge. Hij gaat met de aanwezige joden in discussie. Hij blijft er maar kort. Enkele jaren later keert hij er terug en werkt er ruim twee jaren, onafgebroken (Hand. 19:1-40).
De apostel werkt eerst drie maanden in de synagoge. Hij sluit dus aan bij wat er aan kerkelijk leven is. Als na drie maanden zijn prediking bij sommigen op blijvend verzet stuit, gaat hij met zijn volgelingen apart vergaderen. Hij gebruikt nu de ruimte van de school van een zekere Tyrannus.
Er gebeuren opvallende wonderen. Zelfs de zweetdoeken van Paulus blijken middelen tot genezing. Ook boze geesten moeten wijken. Velen komen tot geloof.
Daarmee komt de veel winst opleverende verering van Diana in groot gevaar. De verkoop van de tempeltjes van deze wereldberoemde godin loopt dramatisch terug. Onder aanvoering van Demetrius wordt een grote demonstratie op touw gezet: vóór hun godin Diana. Tot een gevangenneming van Paulus en de zijnen komt het niet. De apostel vertrekt daarna uit Efeze. Later heeft hij in Milete nog een aparte ontmoeting met de ouderlingen van Efeze, waarbij verschillende 'zaken' van de gemeente aandacht krijgen (Hand. 20:28-32).
De leiding van de gemeente is aan Paulus' helper en vriend Timoteüs toevertrouwd (2 Tim. 1:18).

1.6 De opzet van de brief

a. De inhoud

De gemeente van Efeze gaat Paulus aan het hart. Geen wonder als je er zo lang hebt gewerkt.

Hij benadrukt in zijn brief de hechte band tussen Christus in de hemel en de kerk op aarde. Hij heeft dit zelf op het meest kritieke moment van zijn leven ervaren.

Toen hij de kerk van Jezus vervolgde, begreep hij niet dat hij Jezus zelf vervolgde. Want Jezus zei: "Saul, Saul, waarom vervolg je Mij?" Zijn ogen gingen open voor een ongekende werkelijkheid. Hoewel hij op dat moment blind werd.

De brief valt uiteen in twee grote delen. Het begin kun je typeren als een samenvatting van de inhoud van de christelijke leer: de hoofdstukken 1-3. Het tweede deel geeft een beeld van een christelijk leven (hfdst. 4-6). Het gaat om leer en leven. Het een kan niet zonder het ander.

Over beide delen ligt de glans van Pinksteren. Na de uitstorting van de Heilige Geest in Jeruzalem raakt heel de wereld in een proces van verandering. Gods kerk ondergaat een geweldige uitbreiding. Overal vlamt geloof op en kijken mensen met nieuwe ogen de wereld in.

Paulus geeft in zijn brief eerst aan: Jezus Christus is er niet alleen voor de joden maar ook voor de niet-joden. Gods geschenken (hfdst. 1) komen ook de heidenen toe (hfdst. 2 en 3). De Here roept de zijnen tot aan de einden der aarde. Ook in Efeze.

> Aan de gelijkheid tussen joden en niet-joden in de kerk moesten de gelovigen uit de joden erg wennen.
> De gelijkschakeling ging niet vanzelf. De gemeenteleden van Efeze, voor het grootste deel niet-joden, hoefden zich niet tweederangs te voelen. Het boek Handelingen laat zien hoe dit proces van gelijkschakeling in Jeruzalem in het begin sterke weerstand ontmoet. Petrus stuit op verzet (Hand. 11:2, 3). En later gebeurt dat opnieuw, bij Paulus (Hand. 14:27-15:2). Wie mocht denken dat dit probleem later uit de kerk verdwenen is, zit ernaast. Het zal niet zonder reden zijn, dat Paulus zo uitvoerig aantoont dat de gelovigen uit de kring van de niet-joden niet op achterstand staan.

In de tweede helft van de brief wijst de apostel aan, dat Christus diep in het leven van de gelovige ingrijpt. Ook het gewone dagelijkse leven staat onder zijn leiding. De voorbeelden zijn heel concreet.

De apostel Paulus komt met heel praktische aanwijzingen, oproepen en vermaningen. Het gaat om de plaats en taak van elk kerklid (Ef. 4:1-16). De Here Jezus bepaalt onze levensstijl (Ef. 4:17-5:21). Ook als het gaat om de onderlinge omgang in huwelijk en gezin en om de onderlinge verhoudingen op de werkvloer heeft Hij het laatste woord. (Zie Ef. 5:22-6:9.)

b. Paulus' aanpak
Belangrijk is ook Paulus' stijl van werken. Hij doet meer dan alleen uitleg geven en aansporen. Een gelovige kan heel actief bezig zijn, maar zonder de steun van God is alle actie voor de Heer tot mislukken gedoemd.
Zonder dat we onze handen vouwen en vragen om die noodzakelijke steun, zal het niet gaan. Paulus weet zelf zo goed wat het gebed tot de Here voor betekenis heeft. Zijn bekering werd gedragen door gebed (Hand. 9:11). De nog steeds actieve Paulus blijft op deze manier zijn steun bij God zoeken (Ef. 1:16; 3:14). Tegelijk roept hij anderen op om te bidden (Ef. 6:18, 19). Naast het zoeken van steun, neemt ook het dank-brengen-aan-God in deze brief een belangrijke plaats in.

Het begin van de brief kent een uitvoerige weergave van de werken van God die voor een gelovige van grote betekenis zijn. Het is goed om erop te letten dat Paulus deze opsomming een plaats geeft in een gebed. Daarmee verloochent Paulus zijn joodse afkomst niet. Joodse gebeden kennen vaak grote gedeelten waarin dank en eer aan God wordt gebracht door het opsommen van Gods gaven en daden. Hoofdstuk 1 vers 3 begint dan ook met: "Laten wij de God en Vader van onze Heer Jezus Christus dank brengen" (*Groot Nieuws Bijbel*). Daarop volgen Gods werken. Het belang van de dankzegging neemt ook op een ander moment in deze brief een centrale plaats in (Ef. 5:4b, 20).

c. Overeenkomst
Opvallend is de sterke overeenkomst tussen de brief aan de gemeente van Efeze en die aan de gemeente van Kolosse. Door verschillende uitleggers wordt aangenomen dat de brief aan Kolosse eerder is geschreven dan die aan Efeze, waarschijnlijk in de tijd dat Paulus gevangen zat in Caesarea. Voor beide brieven treedt zijn helper Tychicus als 'postbode' op (zie Ef. 6:21; Kol. 4:7).

1.7   Het juiste adres?

Het is meteen duidelijk wie de schrijver van de brief is. Hij valt met het noemen van zijn eigen naam met de deur in huis. Zo doet Paulus dat ook bij zijn andere brieven. Dit is volgens de stijl van die tijd. Paulus adresseert de brief aan de gemeente van Efeze. Daar houden we het op. Al bestaat hierover ook twijfel. Er zijn enkele oude handschriften waarin deze naam ontbreekt. De bijbelvertaling van het NBG laat dit zien door het plaatsen van vierkante haken (hfdst. 1:1). Maar in verreweg de meeste komt de naam Efeze wel voor.

Tegenstanders van de lezing 'te Efeze' voeren aan dat het toch onvoorstelbaar is dat Paulus van niemand van zijn vrienden de groeten laat overbrengen (vergelijk Kol. 4:10-14). Ook richt Paulus zich niet persoonlijk tot bepaalde gemeenteleden in Efeze. Hij haalt ook geen herinneringen aan vroeger op (vergelijk 2 Tess. 2:5). Tegenstanders van de lezing 'te Efeze' voeren aan dat het noemen van andere personen juist bij de gemeente van Efeze te verwachten valt. Paulus heeft er immers drie jaar gewerkt. Als er één gemeente is die Paulus kent, dan is het toch deze wel. Zij menen dat het hier gaat om een brief aan Laodicea. Over een dergelijke brief wordt gesproken in Paulus' brief aan de Kolossenzen (zie Kol. 4:16).

Voorstanders van de lezing 'te Efeze' wijzen op het grote aantal oude handschriften waarin de aanduiding 'te Efeze' voorkomt. Verder voeren ze aan, dat Paulus niet zoveel plezier aan 'Efeze' beleeft, vanwege de interne verdeeldheid in deze gemeente. Dit zou de afstandelijke manier van schrijven van Paulus verklaren, waarbij het noemen van namen achterwege blijft. Maar als je leest van Paulus' aanhoudende dankbaarheid over de gemeenteleden (hfdst. 1:15-16), valt het met dat afstandelijke erg mee.

1.8 Betekenis voor vandaag

a. Er is zoveel meer...
De brief aan Efeze maakt duidelijk dat er meer is dan wat wij met onze lichamelijke ogen kunnen zien. Er is niet alleen een kerk op aarde maar ook in de hemel. Het is zelfs zo dat ons leven door de kerk boven wordt bepaald. Want daar is het Hoofd van de kerk: Christus. Hem zien wij niet. Maar toch...
'Kijkend' met andere ogen weten we dat Hij daar is.
We hebben een prachtig lied dat spreekt over de kerk daarboven en hier beneden (*Gereformeerd Kerkboek*, Gezang 30; *Liedboek voor de Kerken*, Gezang 399).
We hebben een indrukwekkende opwekking bij het avondmaal, als gezegd wordt: wij moeten niet alleen op de tekenen van brood en wijn blijven zien, maar – de harten omhoog! – op Jezus Christus zien, die in de hemel voor ons pleit aan de rechterhand van zijn Vader (vergelijk Ef. 1:20).

Er is oneindig veel meer dan dat wereldje dat we – heel eigenwijs – soms aardig in onze macht denken te hebben.

Er is meer dan dat wereldje waarin we onze zorgen hebben die ons helemaal in beslag kunnen nemen. We zullen van de macht en de zorg van de Here niet te klein denken. Het betekent ook dat we in moeite- volle omstandigheden de moed niet hoeven te verliezen. Daardoor kon Paulus in gevangenschap nog zingen (Hand. 16:25) en vreesde hij verdrukkingen niet (Hand. 20:23, 24). Maar we houden met Paulus ook een open oog voor de werkelijkheid van de macht van de zonde, die tot diep in de kerk kan doorvreten (Hand. 20:29, 30). Daardoor zijn we niet zonder hoop in tijden van rouw.

We mogen de wereld inkijken met ogen van geloof en horen naar wat God ons te zeggen heeft en zo leven als burger van een hemels koninkrijk.

De Here Jezus spreekt over dit burgerschap heel diepzinnig: je moet daarvoor opnieuw geboren worden door water en Geest (Joh. 3:5). Tegelijk is het ook heel simpel: je moet worden als een kind (Mar. 10:15). Het is goed om ons dit te herinneren. Toen wij als kind luisterden naar de bijbelverhalen op school. Toen we de vraag niet stelden of het allemaal wel waar was.

Allerlei mensen raken vandaag in de ban van een nieuwe kijk op de Bijbel: datgene is waar en van waarde, voorzover jij het waar en van waarde vindt. Welke verwoesting dat in kerken aanricht, zien we voor onze ogen gebeuren: kerkelijke verdeeldheid, kerkverlating en terug- lopend kerkbezoek.

Tegelijk zullen we de ogen niet sluiten voor het geweldige feit dat God dwars door alle weerstanden heen telkens weer mensen tot geloof laat komen.

Laten we blijven bidden om behoud van het geloof als van een kind. Om scherp te blijven zien en horen.

Herinnering

We zaten in de eerste klas
achter planken op schragen;
het was stil, want ze vertelde
verhalen die ver dragen
als maar een kinderziel
reiken kan;
er lag een diepe aandacht
in onze strakke ogen:
we zagen de Here
als kind geboren
voor mensen van Gods welbehagen;
en later droeg hij lammeren
zo veilig in zijn armen.
Vragen hoefden we niets;
we luisterden scherp
in die dagen.

(Koos Geerds, uit: *Het vloeiende land*, Kok Kampen)

b. Bijbel en gebed

Wie het heeft over 'geloofsvragen', loopt gevaar dat heel technisch te gaan doen, zonder dat het zijn relatie met de Here raakt. Het gaat er bij bijbelstudie heel verschillend aan toe. Ik schets de twee uitersten: of het is een dorre discussie over wat er precies staat, of het is een levendig gesprek waarbij de relatie met de Here centraal staat. Dit laatste is geen ideaal, het is nodig.

Paulus zadelt de gemeente van Efeze niet met een aantal regels op waarover gediscussieerd kan worden. Hij plaatst de dingen waarover hij schrijft telkens in de relatie tot God. Hij laat dat uitkomen door ze in gebed bij God te brengen.

Bijbelstudie heeft als doel: versterking van onze relatie met God. Dat bouwt het geloof. Het is goed om na schriftlezing of bijbelstudie na te denken over de vraag wat we daarvan in gebed bij de Here kunnen brengen.

c. Niet door kracht...

Het heeft ons wat te zeggen, dat Paulus juist in moeilijke omstandigheden het evangelie aan hoge overheidspersonen mocht brengen. Dit gebeurde in Jeruzalem en in Caesarea. Zijn netelige positie was een middel in Gods hand om te getuigen van Jezus Christus. Het laat zien dat het werk van de kerk juist in die zwak lijkende situatie doorgaat. Christus laat door zijn knecht Paulus zien dat het in zijn koninkrijk niet om aardse macht gaat. Een kerk heeft niet pas een woord voor de wereld, als ze een machtige positie heeft bereikt. Haar enige kracht is: Christus. En die kracht blijft onder alle omstandigheden aanwezig. Juist in de tijd van zwakheid van de kerk, toen zij leek te bezwijken onder de harde vervolging door Romeinse keizers, kwamen velen tot geloof. Omdat men de kracht van Jezus ontdekte in die verdrukte kerk. In een samenleving als de onze, waarin de machtsfactor in allerlei verbanden allesbepalend is, is het goed om ons afhankelijk te weten van de leiding en de macht van de Here. In de kerk, in het politieke optreden, in onze werkhouding enzovoort.

1.9 Tips voor inleiding en voorstudie

1. Ga na op welke wijze de onzichtbare God zijn macht laat zien (Hand. 19:1-20).
2. Omschrijf de relatie tussen Paulus en de gemeente van Efeze:
   a. hoe hebben de gemeenteleden Paulus ervaren? (zie Hand. 19 en 20:36-38)
   b. hoe kijkt Paulus terug op zijn werk? (Hand. 20:18-36)
   c. waar ligt Paulus' zorg? (Hand. 20:18 -36)
3. Paulus wijst in zijn brief op het blijven bij de waarheid die vastligt in Jezus (Ef. 1:13; 4:21). Zet de werkwijze van Paulus en de problemen waar hij in Efeze op stuitte, op een rij (zie Hand. 19: 1-20). Werk uit wat dit ons vandaag te zeggen heeft.
4. Maak het verband zichtbaar tussen wat Paulus zegt op het strand van Milete en wat hij schrijft aan de gemeente van Efeze. Vergelijk hierbij Handelingen 20:29-30 met Efeze 5:6-11. Welke conclusie voor vandaag is hieruit te trekken?
5. Noem situaties uit de Bijbel waarin engelen van God zich zichtbaar hebben gemaakt. Kan dit vandaag nog gebeuren? Zo ja, hoe? Zo nee, waarom niet?

1.10 Handreiking voor de bespreking

1. Bij Paulus' bekering tot Jezus ontdekken we o. a.:
   a. hij ervaart hoeveel Jezus geeft om zijn kerk: wie aan de kerk komt, komt aan Hem (Hand. 9:4);

b. hij zoekt de Here in gebed (Hand. 9:11).
Welke plaats nemen gebed en kerk in ons leven in?
2. Hoe kwam de aardse overheid van Efeze Paulus te hulp? (Zie: Hand. 19:35-40.) Op welke andere momenten uit Paulus' leven kwam dat ook voor? Kun je ook actuele voorbeelden geven, bijvoorbeeld als het gaat om het recht en de vrijheid van kerk en onderwijs?
3. Welke aanwijzingen ontvangen de ouderlingen in het afscheidswoord van Paulus (Hand. 20:26-28, 31)? Op welke manier kunnen wij dit woord op ons leven toepassen?
4. Is het goed als je net als Paulus zo weinig waarde aan je leven hecht (Hand. 20:24)?
5. Praat Paulus niet te veel over zichzelf en zijn werk in Efeze (Hand. 20:17-35). Zo nee/ja, waarom?
6. Paulus waarschuwt voor de onzichtbare boze geesten (Hand. 19:12, 13; Ef. 6:12). Op welke wijze houden wij daar vandaag serieus rekening mee?
7. Hadden de kostbare toverboeken in Efeze niet beter verkocht kunnen worden, in plaats van verbrand? (Zie: Hand. 19:19.)
8. Paulus schetst in zijn brief grofweg eerst de geloofsleer en vervolgens de levensstijl van de gelovigen. Waaraan hebben we steun om vandaag bij de goede leer en een gezonde levensstijl te blijven? Welke tegenkrachten zijn er?
Om van elkaar te leren:
a. Bij welke gebeurtenissen uit uw leven ervoer u opvallend sterk de kracht van uw geloof?
b. Welke teksten uit de Bijbel geven uw geloof veel steun?

1.11 Literatuur

Bijbelse Encyclopedie, Kampen 1975 (zie onder het trefwoord 'Efeze').
Christelijke Encyclopedie (eerste reeks), deel 2 (zie onder: Efeze; Efeziërs).
Christelijke Encyclopedie (tweede reeks), deel 2 (zie onder: Efeze; Efeziërs).
Calvijn, *Zendbrieven*, vierde deel, Goudriaan 1972 (Efeziërs, pag. 5-6).
L. Floor, *Efeziërs*, Kampen 1995 (Inleiding).
S. Greijdanus, *Korte Verklaring op Efeziërs*, Kampen 1962 (Inleiding).
C. van den Berg, *Proces om de volken*, deel 2, Barneveld 1993 (hoofdstuk 8: over de ontmoeting tussen Paulus en de ouderlingen van de gemeente van Efeze).

2 Onder het hoofd Christus

Efeze 1

2.1 Inleiding

Een pittig begin. Dat mag je wel zeggen. Later wordt het stukken gemakkelijker. Maar het begin van de brief aan Efeze mag er zijn! Waarin zit de moeilijkheid? Niet dat er zoveel moeilijke woorden in staan. De apostel zegt in korte tijd heel veel. Tegelijk vraag je je af: hoe is de samenhang? Staan de dingen niet wat los naast elkaar?

Maar aandachtig lezen doet ontdekken dat Paulus een vaste lijn in zijn schrijven heeft. Hij is gegrepen door Jezus Christus, die in de hemel is. Daar wil hij in korte tijd veel over kwijt.

Hij wijst de kerk op een stroom van zegeningen die vanuit de hemel naar haar toe komt.

2.2 Algemene opmerkingen

Paulus schrijft een brief aan de kerk te Efeze. Deze stad ligt in het gebied dat wij nu kennen als Turkije. Paulus mocht van God een geheim bekendmaken: God roept zijn volgelingen niet meer alleen uit het volk Israël. Eeuwenlang gold Israël, dat in Kanaän woonde, als het uitverkoren volk. Die tijd is voorgoed voorbij.

> Van dit geheim lezen we voor het eerst in hoofdstuk 1, vers 9. Het gebeurt heel kort. In hoofdstuk 3 (vers 1-13) komt Paulus er uitgebreid op terug.

Deze uitbreiding van de kerk betekent veel. Voortaan gaan de zegeningen van God de hele wereld over: gelovigen uit alle volken mogen die ontvangen.

Elke zegening is een hemels geschenk. Je kunt er ook niet één missen. In kort bestek krijgen we zo een beeld van het rijke bezit van elke gelovige. Het ontvangen ervan vraagt om geloof in God. Wie gelooft, ziet oneindig veel meer dan wie niet gelooft. Zo iemand kijkt met zijn hart. Paulus spreekt over het hebben van verlichte ogen van het hart (Ef. 1:18). Zonder geloof tast je in het donker. Dan zie je helemaal niets van

Christus. Ook al weet je nog zoveel van de Bijbel. Wie verlichte ogen heeft, gaat God prijzen en aanbidden. Dan stroomt je mond over van geluk. Dat zie je bij Paulus. Het geluk straalt eraf. Hij kan niet zwijgen.

En wij zeggen nuchter: Paulus herhaalt wel veel. Maar voor een jood als Paulus heeft herhaling dezelfde waarde als bij ons rijm in een gedicht. Denk aan de psalmen in de Bijbel. Die kennen geen rijm, wel veel herhalingen.

Neem nu de volgende passages. Paulus bejubelt Gods verschillende gaven bij herhaling als volgt:
a. het is tot lof van de heerlijkheid van zijn genade (vers 6);
b. en het is naar de rijkdom van zijn genade (vers 7);
c. en het is tot lof van zijn heerlijkheid (vers 12);
d. en het is tot lof van zijn heerlijkheid (vers 14).

Dit overweldigende begin, dat je niet in één keer kunt verwerken, mag een sterke steun zijn voor de gemeente van Efeze. Ze zitten daar in de put. Door Paulus' gevangenschap (Ef. 3:13). Daarnaast maken ze het elkaar lastig (Ef. 4:2). Er is te weinig verdraagzaamheid.
Paulus begint zijn brief niet met deze problemen. Dat komt later wel. Hij begint met het evangelie van Gods goedheid en macht. Wil je aan de problemen in de kerk kunnen werken, dan moet je eerst je aandacht op God richten.
Hoe ziet hoofdstuk 1 eruit?
De apostel somt eerst een groot aantal hemelse zegeningen op. Vervolgens laat hij merken dat hij veel voor de gemeente bidt. Daarna schetst hij de sterke positie van de Hoofdbestuurder van de kerk: Jezus Christus.

2.3 Afzender, adres, wens (vers 1-2)

Elke tijd kent zijn eigen stijl. Als u en ik een brief schrijven, beginnen we niet zo gauw met onszelf. De apostel Paulus leeft in een tijd waarin het de gewoonte is om dit wel te doen.
Het is meteen duidelijk wie de schrijver van de brief is. Paulus valt met het noemen van zijn eigen naam met de deur in huis. Hij voegt er zijn functie bij. Hij is een apostel. Jezus Christus heeft hem persoonlijk tot zijn officiële boodschapper aangesteld (Hand. 9:15). Dit is zijn legitimatie.

20

Paulus is tot apostel geroepen door Christus. Nota bene toen hij de kerk van Christus vervolgde. De van oorsprong Griekse naam 'apostel' zou je weer kunnen geven met zendeling.

Deze apostel richt zich per brief tot de gemeente van Efeze. In deze gemeente heeft hij in het verleden jarenlang gewerkt (Hand. 20:31).

Wat het adres betreft: we houden het op Efeze. Al bestaat hierover ook twijfel. Er zijn oude handschriften waarin deze naam ontbreekt. De bijbelvertaling van het NBG laat dit zien door het plaatsen van vierkante haken (Ef. 1:1). (Zie voor meer gegevens hfdst. 1: Kijken met andere ogen.)

Paulus beziet de gemeenteleden van twee kanten. Van de kant van God bekeken zijn zij "heiligen". De Here heeft hen van de zonden gereinigd en hun een aparte plaats en taak in deze wereld gegeven.
Vanuit de gemeenteleden bekeken, kan Paulus hen "gelovigen" noemen: zij hebben hun vertrouwen op God gesteld.

De apostel sluit de inleiding van zijn brief af met een dubbele wens. Moge "genade en vrede" jullie deel zijn.
Gelovigen staan door hun zonde oneindig ver van God vandaan. Alleen God zelf kan de relatie herstellen. Dat kan alleen door het offer van Gods Zoon aan het kruis. Gelovigen verdienen dit niet. (Vergelijk Rom. 3:24.)
Het doel van Gods genadig handelen is het herstel van de vrede. De vrede met God is een sterk houvast. Je kunt er niet zonder.

Paulus wijst vervolgens op het vertrouwelijke en op de kracht van de relatie.
We hebben een hemelse Vader.
Gods Zoon is voor ons:
a. Heer (heer = eigenaar; wij zijn zijn eigendom);
b. Jezus (= redder);
c. Christus (= het Griekse woord voor gezalfde; in het Hebreeuws: 'Messias').

De Heidelbergse Catechismus biedt een duidelijke verklaring van de verschillende namen (zie vraag en antwoord 29, 31 en 34).

We merkten hiervoor op: de aanhef van de brief is helemaal naar de stijl van die tijd opgezet. Eerst de afzender. Dan het adres. Vervolgens een wens.
Toch is de aanhef ook volstrekt abnormaal.

Want heel dit begin wordt gedomineerd door een hemelse afzender: Jezus Christus. Dit geldt zowel de afzender, het adres als de wens!

Paulus richt zich tot een club mensen die aan dezelfde persoon verbonden is. Hun band met Christus maakt hen tot 'kerk'. Het woord kerk stamt af van het Griekse woord 'kuriakon', als naam gebruikt voor: 'huis des Heren'. U herkent er het woord 'kurios' in, dat Heer (of Here) betekent. Kerk is dus: dat wat van de Here is. Wie de kerk tot zijn zaak maakt, is meer dan eigenwijs. Zonder Hem is een gemeente niet méér dan wat vandaag een sportvereniging is. Die richt je op als je zin hebt en die hef je op als de belangstelling wegebt.

Met de uitdrukking 'in Christus' (of 'in Hem') komen we de meest opvallende woordverbinding tegen die Paulus in zijn brief gebruikt. Het komt 25 keer in het boek Efeze voor. Paulus richt consequent onze aandacht op de hemel, waar Christus nu is.

2.4   Een reeks van zegeningen (vers 3-14)

De verzen 3-14 bevatten een reeks van gedachten, waarbij de ene uitspraak zich op de andere stapelt. De inhoud is telkens veelomvattend. Dat pakken we maar moeilijk in één keer op.
Misschien dat de gemeenteleden in Paulus' dagen, bijna 2000 jaar geleden, daarin beter geschoold waren dan wij.

In hoofdstuk 1 noemt Paulus een groot aantal fijne dingen die God aan de gelovigen geeft (Ef. 1:3). Hij heeft het over allerlei (!) geestelijke zegen. Het woord 'zegen' klinkt ons prettig in de oren. Een zegen is een gave van God.

In het Oude Testament staat zegen vaak in het teken van voorspoed. Bijvoorbeeld in het krijgen van kinderen, in het hebben van een goede gezondheid en in het ontvangen van een overvloedige oogst (Deut. 28:3-6). In het Nieuwe Testament wordt zegen meer betrokken op het ontvangen van geschenken die Jezus Christus geeft.

Al deze weldaden zijn geestelijk van aard. Ze zijn niet zichtbaar voor te stellen. Zij worden door het geloof gezien en aangenomen. Dankzij de onzichtbare werking van Gods Geest.

Hoofdstuk 1:4-14 noemt tal van zegeningen.
Hoe zit deze reeks in elkaar?
Bij elke zegen gaat een nieuw venster open dat onze kijk op God en op

2.8 De zegen van het herstel onder het hoofd Christus (vers 10)

Keek de apostel hiervoor terug tot vóór de schepping, nu werpt hij de blik ver vooruit. Hij heeft het over de wederkomst van Christus. Dan loopt het 'glas' van onze tijden op aarde vol: de 'volheid der tijden' breekt aan. Christus zal op die dag heel de schepping, die zo lijdt onder allerlei gebrokenheid, weer heel maken.

Het gaat bij dit vers niet om de vóórbereiding van de volheid der tijden, maar om het áánbreken van die tijden. (We volgen hier de beschrijving van *Het Boek*, die aangeeft dat het om de toekomst gaat: "als de tijd ervoor gekomen is"; zo ook de *Korte Verklaring* die vertaalt met: "in betrekking tot (de) bedeling van de volheid der tijden".) Het gaat niet om 'nu' , maar om 'straks'. Als Christus aan het einde van de tijden terugkeert, zal Hij alles van de schepping nieuw maken. Alles wat God geschapen heeft, ligt door de zondeval uiteen. Er is zoveel dat botst en stukloopt. Daaraan werken machten die zich tegen God verzetten, mee. Satan en de andere van God afgevallen geesten zijn nog ongelooflijk actief. Op aarde hebben zij een onafzienbare menigte volgelingen. Daarnaast lijdt de door God geschapen kosmos onder de gevolgen van de zonde (Rom. 8:22). Denk aan ziekte, aardbeving en hongersnood.

Paulus schrijft dat de Here alles (!) van hemel en aarde zal samenvoegen. Het komt niet alleen goed met Gods kinderen van de schepping maar met heel de schepping. Jesaja beschrijft dit indrukwekkend onder het beeld van een spelend kind bij het hol van een slang. (Zie Jesaja 11:6-9.)

2.9 De zegen van de erfenis (vers 11, 12)

Wie zijn hoop op Christus bouwt, mag weten dat zijn bestaan als erfenis meegaat naar de grote toekomst. God maakt het goed met je als de volheid van de tijden aanbreekt. De gelovige wordt in dit leven al door Christus tot een erfdeel gemaakt. Je toekomstige plek is zeker.

Paulus heeft het over hopen. Nu past het woord 'hopen' voor de mensen niet bij stellige taal. Maar het is met het woord 'hoop' net als met het woord geloof.

Geloof is in het gewone spraakgebruik: niet zeker weten. Maar geloof in God is juist wel een zeker weten. Op iets hopen is voor de mensen meestal: iets verwachten waarvan je niet zeker bent. Maar christelijke hoop omvat de zekerheid dat het leven in de toekomst veilig is. 'Hopen' en 'geloven' krijgen voor kinderen van God een 'nieuwe' lading.

2.10 De zekerheid van de erfenis (vers 13, 14)

Voor de gemeente van Efeze is er redding gekomen. Zij heeft van

Paulus de blijde boodschap van redding gehoord en ze heeft erin geloofd. Dit is de waarheid!

Ze hebben zich aan Christus toevertrouwd. Dankzij het werk van de Geest van God. Was het tot nu toe steeds: wij (jullie, ik en anderen) mogen ontvangen... De apostel richt zich nu speciaal tot de gemeente- leden van Efeze: ook u bent verzegeld met de Geest.

De Here geeft de Geest aan de gelovige als een onderpand. Zo'n pand heeft de functie van garantiebewijs.

> Paulus noemt de Geest van God een onderpand van het nieuwe leven (zie ook 2 Kor. 1:22). Hij neemt daarmee een term uit de wereld van de handel. Daarin kent men het verschijnsel van het onderpand als voorschot: een vooruitbetaling. Door het voorschot is men zeker dat straks het gekochte ook echt voor hem of haar is.
>
> De Here geeft zijn Geest als een voorschot op het nieuwe leven. Het is Gods garantiebewijs (zegel) dat wat beloofd is, ook ontvangen wordt.

2.11 Danken (vers 15)

De apostel heeft eerder gezegd dat God ons met allerlei geestelijke geschenken in de hemel gezegend heeft (Ef. 1:3).

Hij heeft gehoord van geloof en liefde bij de leden van de gemeente. Dat vervult hem met dank. Hij merkt de aanwezigheid van Gods Geest. Gód is aan het werk.

2.12 Voorbede (vers 16-19)

Na de dank komt de voorbede. Paulus betrekt de broeders en zusters van Efeze ook in zijn gebed. Hij geeft ook concreet aan waarvoor hij bidt.

> Dat de apostel groot belang aan het bidden hecht, mag hieruit blijken dat hij met één keer niet volstaat. Tot driemaal toe gaat hij voor hen in gebed. Verschillende situaties vragen telkens om een passende concretisering (zie Ef. 3:14; 6:18).

De apostel vraagt of de Here hun de juiste kennis wil geven. Om te weten wat de inhoud is van hun "hoop", van hun "erfenis" en van de "kracht" van God. Dit kennen omvat meer dan alleen het kennen met je verstand. Paulus schrijft over kennen met het hart.

Het kennen van God gaat veel verder dan 'weten'. Dit kennen gaat diep en raakt het hart. Met je hart voel je, maak je keuzen en heb je lief.

Het hart van een gelovige heeft verlichte ogen nodig. God moet die 'andere ogen' geven. Het zijn ogen van geloof. Door geloof zie je Christus en zijn reddingswerk voor jou. Door het geloof pak je de hemelse geschenken aan en heb je er deel aan.

In het donker kun je niets vinden. Zonder licht raak je gemakkelijk de weg kwijt. Het hart van een kind van God heeft ook licht nodig: de lamp van het geloof. De gever van deze lamp is de Heilige Geest. Met deze lamp ontdek je wat er gebeurt als je gehoor geeft aan de roeping van God. Je krijgt houvast aan de unieke hoop: wat God belooft, gaat echt gebeuren. Je ontdekt dat je eigen leven als een erfenis meegaat naar de toekomst op de nieuwe aarde. En je gaat de kracht van God in je leven ervaren.
Ons hart heeft verlichte ogen nodig om de zegeningen van de Here niet alleen te zien, maar ook om zich die toe te eigenen.

Paulus bidt om de permanente aanwezigheid van de Geest.

Christus zei eens: bidt en u zal gegeven worden. In het boek Lucas wordt duidelijk dat dit slaat op de Heilige Geest (Luc. 11:9). Wat een rijke belofte! Daar kunnen we niet zonder. Paulus' voorbede maakt dit duidelijk. Want een mens kan soms die sterke hoop in zijn leven voelen wankelen. Iemand kan aarzelen of die erfenis wel voor hem of haar is of dat we twijfelen aan Gods zorg en macht. Verderop in de brief wordt duidelijk dat de gemeente van Efeze deze 'zwakheid' kent (zie Ef. 3:13).

2.13   De macht van God (vers 20, 21)

De apostel wijst aan welk sterk houvast er voor een gelovige is.
Wie met verlichte ogen kijkt, gaat ook de onmetelijke kracht van God zien.
God bewees die, toen Hij zijn Zoon Jezus Christus, die dood was, deed opstaan uit het graf (zie ook Rom. 4:24).
Dit opwekken kan niemand dan God alleen. Onze Vader in de hemel ging nog een stap verder. Hij haalde zijn Zoon daarna de hemel binnen en zette Hem aan zijn rechterhand in de hemel. Deze plaats geldt als de hoogste plaats. Daar mag Hij als de hoogste bestuurder van hemel en aarde plaatsnemen.

Het beeld van het zitten aan de rechterhand was voor de lezer herkenbaar. De hoogste minister in een land mocht aan de rechterhand van de koning zitten. Op

27

deze ereplaats besprak hij de bestuurszaken en kreeg hij de opdrachten om de gemaakte plannen uit te voeren.
Zo voert Jezus ook voor zijn Vader het bevel over hemel en aarde.

Het Godsbestuur gaat ook over een wereld die 'gebroken' is. Na de zondeval is de harmonie in de door God geschapen kosmos verdwenen. Heel de schepping staat onder een geweldige spanning. Paulus wijst op allerlei krachten.
Er zijn nogal wat 'machten' die invloed willen uitoefenen. De apostel heeft het over mensen op aarde, die als overheid leiding aan volken geven. Deze machten zijn duidelijk zichtbaar. Daarnaast zijn er de onzichtbare. We kunnen dan denken aan de invloeden van boze geesten. Paulus zou nog wel even door kunnen gaan met het noemen van 'machten'. Hij vat het samen met het noemen van "alle naam".
Een naam is iets of iemand waaraan kracht is verbonden, waar invloed van uitgaat.

De macht van God is onbegrensd.
a. Hij regeert nu: de tijd die voorafgaat aan de volheid van de tijd. Dit geeft houvast. We hoeven bij alle kwaad en lijden in de wereld nooit te denken dat Christus stopt met regeren.
b. Hij regeert straks: als de volheid van de tijd aanbreekt (= de toekomende eeuw). Naar die tijd kijken we uit. Dan zullen alle tranen gedroogd worden (zie Op. 21:4).

2.14 'Kerkcentrum' en 'kerkwijk' (vers 22-23)

Onder alle namen in Gods schepping neemt één naam een unieke plaats in. En dat is juist iets wat voor velen geen naam heeft, namelijk de kerk. De kerk is voor velen een hobby van mensen die zichzelf niet kunnen redden. Paulus laat eerst weten: alles wat een naam heeft, is aan Jezus Christus onderworpen (!). Daar staat Hij boven. Maar de gemeente is een naam waaraan Hij zich op een speciale manier verbonden heeft. Alle machten in de schepping zijn aan Christus onderworpen. Maar van de kerk wordt gezegd: Christus is aan haar gegeven. Dat maakt een enorm verschil. Deze Machthebber, die boven alles en iedereen staat, heeft zich als 'hoofd' aan de gemeente willen verbinden.
De apostel vergelijkt de kerk vervolgens met een 'lichaam'.

Aan zoiets als de hoofd-rompgedachte hoeven we niet te denken. Dan zou Christus het hoofd zijn en de gemeente de romp.

28

Het beeld wil zeggen: de gemeente functioneert als een lichaam. Alle leden hebben hun eigen plaats en taak. Het is een levend geheel waarbij de leden zich richten naar de leiding van Christus die in de hemel is. De apostel geeft daarmee aan dat er een doorlopende verbinding is tussen de hemel-kerk boven en de aarde-kerk beneden.

Dit maakt nog weer eens duidelijk wat staat in vers 3: "die ons met allerlei geestelijke zegen in (!) de hemelse gewesten gezegend heeft in Christus."

Ook de hemel behoort tot ons leefgebied. Denk ook aan een uitspraak van de Here Jezus: verzamelt u geen schatten op aarde, maar verzamelt u schatten in de hemel (Mat. 6:19, 20). De hemel trekt, als een magneet.

De gemeente op aarde hoort als 'wijkkerk' bij het 'kerkcentrum' boven. Het is één kerk. Zij zal zich voortdurend op dat centrum richten waar Christus is, van wie de 'vulling' van haar bestaan moet komen. Deze invulling van ons bestaan zal op de nieuwe aarde volmaakt zijn. De kerk is daarmee een voorbode van het leven op de nieuwe aarde.

2.15 Betekenis voor vandaag

a. Band met Christus
De zegeningen van God zijn niet los verkrijgbaar. Ze zijn verbonden aan Jezus Christus. Dit vraagt om een persoonlijke band met Hem.
Het gaat niet alleen om het kennen van de leer van Christus, maar ook om het leven met Christus. Naast de persoonlijke band blijkt ook de kerkelijke band met Christus van grote betekenis.

b. Verkiezing
De Here kiest de zijnen uit en vult hun leven met veel zegeningen. Er is in allerlei christelijke kring nogal wat verzet tegen de uitverkiezing. Want dit betekent dat God ook aan mensen voorbijgaat. Daarvan spreken de Dordtse Leerregels (DL I art. 15). Er zijn kerken die deze belijdenis nog wel in naam vasthouden, maar in de praktijk laten vallen. Paulus verbindt aan de verkiezing in Christus de blijde uitroep: dit is "tot lof van de heerlijkheid van zijn genade".
Er zijn er die de God van de verkiezing een grillige God vinden. Zij vinden deze God net een soort notaris die bij een loterij een aantal winnende nummers trekt.
Maar zo staan de zaken niet. Gods kiezen is voor Hem onnoemelijk zwaar geweest. Het kostte zijn Zoon het leven in de dood. De verkie-

zing tot zonen (en dochters) van Jezus is met bloed gekocht (Ef. 1:7). Wie de Here uitkiest en aan wie Hij voorbijgaat, laat zich niet narekenen (zie DL I art. 14). Juist bij deze moeilijke vragen zullen we onze redder, die zo'n intens lijden doorstond, voor ogen houden. De uitverkiezing is een geloofsstuk dat alleen in het geloof aangenomen kan worden. Wie tot geloof gekomen is, zal steeds ervaren hoe God in zijn of haar leven gekomen is. En dat als eerste. Gods uitgestoken hand wordt heel concreet zichtbaar, als we letten op de leeftijd waarop de kinderen van de kerk gedoopt worden.

c. Aandacht voor de Heilige Geest
Om te gaan geloven is de Heilige Geest nodig. Zonder de permanente aanwezigheid van de Geest verliest de gelovige de greep op het leven. Het gebed om de inwoning van de Geest blijft een leven lang noodzakelijk. De laatste jaren is er in brede kring meer aandacht voor het werk van de Heilige Geest.

d. Kerk
In hoofdstuk 1 horen we over de grootheid van Gods gemeente. De leden van die gemeente zijn voorwerp van Gods verkiezing. God maakt die verkiezing zichtbaar, doordat Hij voor Zich een kerk vergadert (zie: zondag 21 HC).
Het belang van de kerk als gemeenschap van de heiligen scoort bij velen niet hoog. Het slot van Efeze 1 overtuigt ons van het tegendeel. De kerk met zo'n machtige Heer kan niet van deze aardbodem verdwijnen. Dat zullen we dwars door alle zonden, gebreken en kerkelijke verdeeldheid heen vasthouden. Het is noodzakelijk dat we ons vooral op Christus richten, wil moedeloosheid niet de overhand krijgen. Eenmaal, als de volheid der tijden aanbreekt, zal al het geschapene door Hem in harmonie worden teruggebracht.

2.16 Tips voor inleiding en voorstudie (maak keuzen)

1. Bestudeer het schriftgedeelte in het licht van vraag en antwoord 54 van de Heidelbergse Catechismus over de kerk. Het biedt een lijn die je in heel hoofdstuk 1 terugvindt. Je kunt bij de behandeling ook betrekken Dordtse Leerregels hoofdstuk 1.
2. Bekijk eens bij Efeze 1: 22 de inhoud van Psalm 110. Het is aan te nemen dat Paulus aan deze Psalm 110 heeft gedacht.
3. Je kunt bij 'verkiezing' verduidelijking geven met behulp van wat Paulus aan de Romeinen schrijft (Rom. 8:28-39; 9:11-16; en ver-

der: Deut. 7:6-21). Welke plaats heeft Gods verkiezing in het evangelisatiegesprek?

4. Je kunt de inleiding opzetten vanuit een aantal thema's: de verkiezing; de beloofde erfenis; het werk van de Heilige Geest; het bidden; de macht van Christus en de andere machten; de kerk; de drieeenheid van God (zie vers 3-14). Ga bij de uitwerking telkens na op welke manier jouw leven als christen daardoor steun ontvangt.

5. Bij het behandelen van de macht van Jezus (hfdst. 1:22-23) kun je betrekken Genesis 3:15; Job 2:1-7; Matteüs 28:18; Openbaring 12. Let ook op de beperking die satan wordt opgelegd. Satan mag nu de hemel niet meer in.

2.17 Handreiking voor de bespreking

1. Hoe laat Paulus merken dat niet hij 'de grote man' is? Wanneer loopt de kerk gevaar dat 'grote mannen' de dienst uitmaken? Tot vandaag toe zie je leiders die een eigen sekte rond hun persoon vormen. Wat is hun tactiek?

2. Over 'tijden':
    a. Gelijkluidende woorden of uitdrukkingen die op elkaar lijken, hoeven niet altijd dezelfde inhoud te hebben. Op welke tijdsperiode slaat de uitdrukking "volheid der tijden" in Efeze 1:10? Aan welke tijd denkt Paulus als hij aan de gemeente van de Galaten spreekt over "volheid des tijds" (Gal. 4:4)?
    b. Paulus schrijft aan de gemeente van Efeze over "volheid der tijden" (Ef. 1:10). De geschiedenis van deze wereld lijkt niet op een kabbelend stroompje, waarin de gebeurtenissen elkaar onopvallend opvolgen. Er zijn perioden en momenten aan te wijzen waarin veel in beweging is. Er zijn belangrijke gebeurtenissen die de wereld ingrijpend veranderden. Dit geldt ook voor de kerk. Zo nemen we perioden of 'tijden' waar. De kerk van de Middeleeuwen kwam tot nieuw leven door de grote Reformatie, waaraan onverbrekelijk de namen van Luther en Calvijn zijn verbonden. Welke 'tijden' zijn waar te nemen in de kerk in Nederland gedurende de afgelopen vijftig jaar en wat is het kenmerkende ervan?

3. Wat doen we eraan om het uitzien naar de erfenis van het eeuwige leven op de nieuwe aarde levend te houden?

4. Welke zegen die Paulus noemt, ervaart u in uw leven het sterkst?

5. Tot drie keer toe heeft Paulus het over de wil van God die wordt uitgevoerd. Dit geldt ook voor Paulus' eigen leven: de Here had een

plan met hem. Welke middelen zijn er om Gods plan met u te ontdekken?

6. Waaraan kunnen we vandaag bij 'boze geesten in de lucht' denken?
7. Hoe houden we de geestelijke accu op peil om verlichte ogen van het hart te houden (zie hfdst. 1:18)?

2.18 Literatuur

J.J. Arnold, *Als de kerk kerk is*, Goes 1985 (Wat heb ik aan de kerk? pag. 9-22).

Bijbelse Encyclopedie, Kampen 1975 (zie onder het trefwoord 'Efeze').

Calvijn, *Zendbrieven*, vierde deel, Goudriaan 1972 (Efeziërs, pag. 7-22).

Christelijke Encyclopedie (eerste reeks), deel 4 (zie onder: Praedestinatie).

Christelijke Encyclopedie (tweede reeks), deel 5 (zie onder: Predestinatie).

L. Floor, *Efeziërs*, Kampen 1995.

S. Greijdanus, *Korte Verklaring op Efeziërs*, Kampen 1962.

J.I. Packer, *Oppervlakkigheid troef?*, Apeldoorn 1995; hfdst. 5 (over de betrokkenheid op de hemel).

C. Trimp, *Klank en weerklank*, Barneveld 1989; hfdst. 8 (over de verkiezing) en hfdst. 6 (over lijden en Gods macht).

F.F. Venema, *Wat is een christen nodig te geloven?*, Barneveld 1985 (zie onder de trefwoorden 'verkiezing' en 'kerk').

3   De kloof overbrugd

Efeze 2

3.1   Inleiding

Wie aan zee staat, heeft soms moeite om te ontdekken waar de zee
ophoudt en de lucht begint. De overgang is vaag.
Als Paulus schrijft over hemel en aarde, verdwijnt de overgang soms
ook. Dat doet hij met opzet. Met ogen van het geloof zullen we met
hem meekijken en beseffen hoe ons aardse bestaan met de hemelse
werkelijkheid verbonden is.
Ik denk aan het avondmaal, als gezegd wordt: "Om met het ware
hemelse brood Christus gevoed te worden, moeten we niet alleen op de
tekenen van brood en wijn blijven zien, maar – de harten omhoog – op
Jezus Christus zien, die in de hemel voor ons pleit".
Beleven wij deze verbinding ook echt? Ervaart u dat God zelf in uw
leven aan het werk is? Wat verwacht u daarvan? Bent u soms jaloers
op mensen die 'vol' van God zijn?
Tegelijk is er ook de andere kant. Als de kerk op aarde sterk op de
hemel betrokken is, hoe zijn dan de 'hemelingen' op de aarde betrokken? Leven zij met ons mee? Zien zij wat wij doen?

3.2   Algemene opmerkingen

Hoe is de verbinding met het vorige hoofdstuk? Wat is de hoofdlijn van
het voor ons liggende gedeelte? Dit zijn de twee vragen die ons nu
bezighouden.
Hoofdstuk 1 ging over Jezus Christus als hoofd van de kerk. Zijn kerk
bestaat uit gelovigen uit alle volken. In hoofdstuk 2 zien we dat Paulus
hierop voortborduurt: Jezus is op gelijke manier hoofd van gelovigen
uit de joden als van gelovigen uit de kring van de niet-joden (vaak
heidenen genoemd).
Paulus beschrijft eerst het vroegere leven van de gelovig geworden
heidenen. Het stond er met hun leven hopeloos voor (hfdst. 2:1). Zij
hadden geen band met de levende God.

Nu die band er wel is, is er geweldig veel veranderd. Paulus schrijft dat

de gelovigen levend zijn geworden en een plaats hebben gekregen in de hemelse gewesten. Nu al!
Tegelijk kiest de Here voor zichzelf een plaats op aarde: de kerk. De kerk is voor God een woning, ja zelfs een fraaie tempel (2:21).
Met andere woorden:
a. gelovigen hebben méé een plaats gekregen in de hemelse gewesten;
b. God neemt ook plaats in de aardse gewesten: in de gemeente.
Hoofdstuk 2 is daarmee een spannend hoofdstuk. Want: hoe kan dit allemaal?
Let, net als bij hoofdstuk 1, ook hier weer op de feestelijke accenten die Paulus zet: God die rijk is aan erbarming (vers 4); de overweldigende rijkdom van zijn genade (vers 7).

3.3   Wat is dood? (vers 1-3)

Hoofdstuk 2 kent een genadeloos hard begin. Er staat: u was een tijd geleden dood! Nu is dood iets verschrikkelijks. Er is geen contact meer mogelijk tussen een levende en een dode. Paulus spreekt hier over de 'dood' van de Efeziërs die zonder God leefden. Toen misten zij het geschenk van het eeuwige leven.
Dat was vroeger, vóór hun bekering. Zij leefden toen in overeenstemming "met de loop van deze wereld". Bij loop van de wereld gaat het om een leven naar principes waarbij God buitenspel staat. Tot de principes van de ongelovige wereld behoort dat de mens zelf uitmaakt wat hij of zij goed vindt.
Paulus typeert dit met de woorden: leven "in de begeerten van ons vlees, handelende naar de wil van het vlees en van de gedachten". De apostel laat merken: bij wie geen band met zijn maker heeft, is de levensader van zijn bestaan doorgesneden. U en ik leven temidden van zulke doden. Zij komen bij ons op bezoek en zitten met ons aan dezelfde tafel. Wie kan dan zwijgen over het leven?!

Deze dode levenden horen bij satan. Hij heet: "de overste van de macht der lucht". Er is boven ons en om ons heen de ruimte waar voor ons onzichtbare machten aan het werk zijn.
Deze tegenstanders van God hebben echter geen toegang tot de hemelse gewesten (zie Op. 12:8-10).

Het past de gelovige echter niet om zich meer of beter te voelen dan een 'dode' ongelovige. Paulus laat weten: ook "wij waren van nature, evenzeer als de overigen, kinderen des toorns" (vers 3).

34

Wij belijden dit van onszelf en van onze kinderen. Het doopformulier beschrijft ons geboortekaartje als volgt: "Wij nu met onze kinderen zijn in zonden ontvangen en geboren. Daarom rust Gods toorn op ons, zodat wij in het rijk van God niet kunnen komen, of wij moeten opnieuw geboren worden" (*Gereformeerd Kerkboek*, pag. 512).

3.4 Wat is leven? (vers 4-6)

De leegheid en de ellende van de eerste verzen slaan bij vers 4 om. Paulus raakt in een juichstemming. Er kwam bevrijding van de dood (vers 1, 5) en redding van Gods toorn (vers 3).

God hechtte het leven van zijn kinderen vast aan dat van zijn Zoon Christus. Dit betekent: als de Zoon opstaat, staan zij mee op; als de Zoon een plaats in de hemel heeft, hebben ook zij daar een plaats.

Paulus zoekt naar nieuwe woorden om onze hechte band met Christus uit te drukken. Hij construeert die met het woordje 'mee'. Hij heeft het over mee-levendmaken, mee-opwekken, mee-een-plaats-hebben.

Christus heeft ons "mee een plaats gegeven in de hemelse gewesten". De gelovige heeft een hemelse status. De gelovige bezit een hemels paspoort met het stempel van de doop, als teken van redding. Keer op keer typeert Paulus deze gratis verkregen redding als 'genade' (vers 5, 7, 8).

3.5 Het aanpakken van een grote schat (vers 7-8)

Christus' reddingsoperatie blijft geen geheim, zo laat Paulus weten. De Here wil deze "in de komende eeuwen" wereldwijd zichtbaar maken. Je kunt je afvragen: wanneer zal deze demonstratie plaatsvinden? Er zijn er die denken aan de toekomst, als de nieuwe aarde komt. Maar zal Paulus niet eerder hebben gedacht aan zijn eigen tijd?

Christus gaf vlak voor zijn hemelvaart het zendingsbevel (Mat. 28:19). Ook Paulus weet zich geroepen om van Gods reddingsplan te vertellen. Zijn die komende eeuwen al niet begonnen met Christus' komst op aarde (zie vers 17)?

De overweldigende rijkdom van God mag nu op alle plaatsen op aarde gehoord en toegeëigend worden.

God wil 'geloof' geven om daarmee zijn geschenken aan te pakken, waaronder het geschenk van eeuwig leven. Wie in het bezit van dit leven is gekomen, laat de dood voorgoed achter zich.

Geloof heeft te maken met een nieuwe geboorte: de wedergeboorte. Een gelovige stelt zich open voor God. Deze dringt met zijn Woord en Geest door tot in het hart. Een gelovige gaat zijn verlosser liefhebben. Er gebeuren dan grote dingen (zie: DL III/IV art. 12 en 13). Voor we het weten, leven we hieraan voorbij en vinden we 'geloven' maar heel gewoon. Een baby beslist niet zelf over zijn geboorte. Dat geldt ook voor de wedergeboorte. Die moet ons gegeven worden. Als je gaat geloven, doe je dat heel actief: met denken, willen en voelen. Er kan van een passieve houding geen sprake zijn (zie Jer. 31:18b; DL III/IV art. 12, slotzin).

3.6 Goede werken? (vers 9-10)

Paulus wijst eigen prestatie als verdienste af. Tegelijk prijst hij het doen van goede werken aan. We lezen: wij zijn "in Christus Jezus geschapen om goede werken te doen". We zijn dus voor het doen van goede werken op deze wereld! Maar onze activiteiten staan altijd in een relatie met onze redder Jezus Christus. Los van Hem doen we geen goede werken. In bijbelse zin zijn dan ook de meest voortreffelijke werken van ongelovigen nog geen goede werken.

God is bij het doen van goede werken meer dan een hulp. Goede werken komen bij Hem vandaan. Zelfs al vóór ons bestaan was Hij met onze goede werken bezig. Hij heeft ze "tevoren bereid".

Het doen van goede werken heeft geen beste klank. Toch hoeft dit niet buiten beeld te blijven. De neiging tot negeren bestaat, omdat de leer van de goede werken van de kerk van Rome in de tijd van Luther en Calvijn uit de protestantse kerken is verbannen. We danken er die trefzekere (in het Latijn gestelde) aanduidingen van ons behoud aan: sola gratia (alleen door genade), sola fide (alleen door geloof). Het zijn begrippen die houvast bieden.

Toch is in de tijd van de grote Reformatie het woord goede werken niet opgegeven. Het zou ook moeilijk kunnen. Het is een door en door bijbels begrip. Als we bij het doen van goede werken God zelf maar niet uit het oog verliezen. Ook de Heidelbergse Catechismus spreekt erover. Ik denk aan de vraag: waarom moeten wij nog goede werken doen (vraag 86)?

3.7 Toegang vrij (vers 11-13)

In de verzen 11 tot en met 16 wijst Paulus op de kloof tussen joden en niet-joden. Deze werd door Christus overbrugd. In de verzen 17-19 zien we hoe die brug wordt geslagen.

Paulus' brief is allereerst bestemd voor niet-joden. Dezen leefden vroeger mijlenver bij de genadegeschenken van God vandaan. God schonk eeuwenlang zijn liefde aan één volk: Israël. Dit volk leefde afgescheiden van de rest van de wereld. Slechts individuele buitenlanders die in Israël asiel zochten, mochten ook in de liefde van God delen. Denk aan Rachab en aan Ruth. Deze afscheiding is opgeheven met de komst van Christus. God zette de deuren wijd open. Hij roept de zijnen uit elke stam, taal, volk en natie (zie Op. 5:9; 7:9; 14:6; zie ook Mat. 28:19).

De apostel drukt de lezers op het hart: vergeet nooit je afkomst (vers 11-12). Deze zag er als volgt uit:
je leidde een leven naar eigen idee (= vlees);
je was niet besneden (er ontbrak het teken van redding);
je was zonder Christus;
je hoorde niet bij Gods volk (geen burgerrechten);
je was niet in het bezit van beloften;
je was zonder hoop (geen uitzicht);
je was ten slotte zonder God.
Je ziet nog eens wat Paulus met leven in de 'dood' bedoelt. Haarscherp wordt de ommekeer beschreven met de woorden: "Maar nu"! Van dood naar leven!
Dankzij Christus. Deze heeft ook voor de Efeziërs zijn bloed gegeven aan het kruis tot betaling van schuld. Deze betaling werd voorheen in bloedstorting van de offerdieren bij de tempel afgebeeld (zie Lev. 17:11; vergelijk Rom. 3:25).

3.8   De nieuwe mens (vers 14-16)

Door de komst van Christus is er sprake van een nieuw soort mensen. Het gaat in dit verband om de 'geboorte' van de nieuwtestamentische gemeente. Deze bestaat uit gelovigen uit de joden en uit de niet-joden. Door Christus zijn bepaalde wetten aan de kant gezet. Paulus noemt deze: "inzettingen". Te denken valt aan de ceremoniële wetten. Inzettingen als besnijdenis, wassingen, het niet eten van bepaald voedsel en de tempeldienst komen te vervallen. Het leven naar deze wetten maakte de scheiding tussen jood en niet-jood heel concreet.

> Zou een jood met zijn 'reine' maaltijd bij een heiden aan de etenstafel gaan zitten, dan werd zijn voedsel meteen onrein.

Het bloedig offer van Christus aan het kruis maakte aan al deze bepalingen een einde. De vroegere inzettingen vormden de schaduw van Christus die bezig was te komen. Mét dat Christus er is, verdwijnt elke schaduw (zie art. 25 NGB).

3.9 Vrede voor allen (vers 17-19)

Vers 17 sluit aan op vers 13. Het gaat weer over hen die veraf waren, maar nu dichtbij gekomen zijn. De heidenen waren "vreemdelingen", maar werden "medeburgers". Paulus sluit aan bij wat Jesaja profeteerde. Deze sprak: "vrede, vrede voor hem die verre, en voor hem die nabij is, zegt de HERE" (Jes. 57:19).
De Geest leidt hen naar de hemelse Vader: jood en niet-jood. Door Hem roepen zij beiden: Abba, Vader (Rom. 8:15). Dankzij het volbrachte werk van Christus verdween ook voor tot geloof gekomen heidenen de vijandschap met God.

3.10 Bouw en groei (vers 20-22)

Hoe ziet nu die nieuwe mensheid, de kerk, eruit? Wie zijn wij, als kerk, vandaag? De apostel geeft er verschillende typeringen van.
De nieuwtestamentische gemeente is geen club die opgezet is op basis van menselijke uitgangspunten of gewoonten.
Paulus vergelijkt haar met een bouwwerk, gebouwd op het fundament van "apostelen en profeten". Mee gelet op de volgorde mag bij profeten het eerst gedacht worden aan de profeten van de nieuwtestamentische gemeente. Toch kunnen de oudtestamentische profeten niet buiten beeld blijven. Daarvoor wordt te vaak door de nieuwtestamentische predikers naar deze profeten terugverwezen (zie o.a. Hand. 3:18-25; 7:37-48; 8:28-34).
Bij apostelen denken we in de eerste plaats aan hen die getuigen waren van Christus' leven en werk op aarde. Zij trekken de wereld in. God gebruikt hen om op diverse plaatsen zijn gemeente te stichten. Profeten, met hun van God gekregen openbaringen, bouwen de gemeenten verder op.
Het woord van apostelen en profeten is bepalend voor de kerk. Zij zijn daarom het fundament van de kerk. In het fundament van de kerk neemt Christus een heel speciale plaats in. Hij is de "hoeksteen". Een hoeksteen is een grote steen onder het huis. Deze steen wordt bij de bouw als eerste gelegd. Naar deze steen richt zich de hele opbouw, zowel de andere fundamentstenen als de overige stenen.

Paulus voegt een tweede vergelijking in. Deze is ontleend aan de natuur. Hij heeft het over het groeien (= opwassen). Je mag bij deze groei denken aan mensen die zich bij de kerk aansluiten. Maar er is mijns inziens vooral te denken aan het samen groeien in het geloof (zie Ef. 4:15). Een dergelijk groeiproces is niet te stoppen. Dankzij Christus. 'Gebouwd worden' ziet op stevigheid. Ook deze geeft Christus. Hij verbindt de delen van de gemeente (de gemeenteleden) hecht aan elkaar. Goede onderlinge samenhang is vereist. Een zaak van gemeenteopbouw!

De kerk als bouwwerk krijgt vervolgens een hoge onderscheiding: het is een "tempel". Met andere woorden: kerkleden verrichten tempeldienst. Wij zijn allen priesters. God vraagt dat we ons leven aan de Here wijden (= heiligen).
Een oudtestamentische priester moest zich voor zijn dienst wassen en schone kleren aantrekken. Als nieuwtestamentische priesters moeten wij ons van de zonde laten reinigen door Christus. Elke dag verbinden we ons leven met de hemel in de vraag om vergeving. Dan vragen we ook om kracht om onszelf als een levend dankoffer aan Hem te kunnen wijden (zie vr./antw. 32 HC).
Wie daarom zegt: "Wat merk ik van de hemel?", zal hierop letten. Zijn we dit 'gewone' ons voldoende bewust? Maar dit 'gewone' is wel tempeldienst!

> De Griekse taal kent twee woorden voor tempel. Het ene woord duidt het totale tempelcomplex aan. Het ander betreft het centrale tempelgebouw, waarin alleen de priesters werk mochten doen. Paulus gebruikt het woord tempel in de laatste betekenis.
> Dit is veelzeggend. Het houdt in dat zowel christenen uit de joden als uit de heidenen tot de hoogste dienst voor God geroepen worden. Allen zijn zij vandaag priesters. Vroeger kende het tempelcomplex een voorhof voor de joden en een voorhof voor de niet-joden. De laatsten hadden daarmee een beperktere toegang. Nu worden allen op gelijke wijze geroepen tot tempeldienst. Paulus zegt het zelfs heel sterk: zij zijn zelf tempel.

3.11   Hemelse bescherming

Uit het schrijven van Paulus blijkt duidelijk: een kerk is alleen een tempel als God daarin op de eerste plaats staat. De Here woont met zijn Geest in dat bouwwerk van mensen. Ergens anders noemt Paulus ook de individuele gelovige een tempel (zie 2 Kor. 6:16). Als bouwwerk typeert Paulus de kerk ten slotte als stad, en daarmee als een bolwerk van veiligheid. Door God hebben we bescherming, net als vroeger een stad de burgers veiligheid bood achter dikke muren. Paulus heeft het immers over de kerk als een "woonstad van God in de Geest".

De Geest is er permanent. Hij komt niet even logeren, Hij woont er. Hij wil ons leven steeds meer doen steunen op de hoeksteen Jezus Christus. Deze werkelijkheid geeft een fijn gevoel.

3.12 Betekenis voor vandaag

a. Wat merk je van God?
We stelden aan het begin de vraag: wat merk je van God? Zijn we wel echt op de hemel betrokken? Hoe gaat dat dan? Hebben we geen hang naar sterkere of andere Godservaringen? Zoeken we mogelijk ook in de verkeerde richting? Zoeken we het ervaren van God niet te snel in bijzondere gebeurtenissen waarin vooral ons gevoel geraakt wordt?
De leer over Christus die Paulus voor ons ontvouwt, wil ons tot diepe verwondering brengen. En dan gaat het om dingen die heel dichtbij ons zijn.
Er is:
– de wetenschap dat we mogen leven in lichtkring van zijn grote liefde (vers 4);
– de zekerheid dat we niet meer gebukt hoeven te gaan onder de toorn van God over onze zonden (vers 5);
– de hemelse verzekering dat God voor zijn kinderen een plaats in de hemel heeft klaargemaakt (vers 6);
– de hemelse inwerking dat God geloof geeft op aarde (vers 8);
– God die ons schiep voor het doen van goede werken (vers 10);
– de verzekering van God dat Hij met zijn Geest bij ons woont (vers 22);
– de vanuit de hemel geleide kerk op aarde die bescherming biedt (vers 22).

b. Mogen en/of moeten?
De vraag wordt nogal eens gesteld: ligt er over het leven van veel christenen niet te veel de sluier van het 'moeten'? Gezegd wordt: wij moeten niet zoveel. Het komt aan op overgave aan God. Het is geen 'moeten' maar 'mogen'.
Maar wordt op deze manier geen onjuiste tegenstelling gemaakt? Is beide niet nodig? Paulus laat in vers 10 helder het verband uitkomen. (Lees ook DL III/IV art. 11.)

c. Wat kan me de kerk schelen!
Vanuit de hemel wordt door middel van de kerk een beschermende muur om ons heen gebouwd. Wie een gemeente van Christus ziet, ziet God aan het werk.
Wat gaat er door mensen veel stuk. Ook de Bijbel legt er getuigenis van af. De gemeente van Korinte was geen gezonde en geen saamhorige gemeente. Satan zit niet stil (zie o.a. 1 Kor. 5:1). Toch adviseert Paulus niet: Schrijf de kerk maar af (zie 1 Kor. 1:2). De kerk als concrete plaatselijke gemeente lijkt voor velen steeds verder buiten beeld te raken. Over de kerk wordt snel negatief gedaan. Zij wordt gezien als van ondergeschikt belang. Wie let op wat mensen ervan maken, kan inderdaad tot die conclusie komen. Maar wie vandaag de gemeente negeert, verzet zich tegen kerkbouw vanuit de hemel.
Echte oecumene gaat verder dan geloofseenheid van het hart. Die zoekt ook de zichtbare eenheid als kerk.

d. Verandering en vernieuwing in de kerk
De tegenstelling tussen joden en niet-joden werd door de eersten sterk beleefd. Niet-joden werden bestempeld als onbesnedenen en daarmee werd in de beleving van een jood een diepe kloof aangeduid. De grote verandering was moeilijk te verwerken.

> Denk aan het verwijt dat Paulus trof toen joden meenden dat hij een heiden op een plek bij de tempel had gebracht waar voor de heidenen een verboden toegang gold (Hand. 21:28).
> Paulus heeft met de Galaten te stellen gehad, die aan de besnijdenis wilden vasthouden. Zelfs tegen Petrus moest hij zich openlijk verzetten, toen deze zich uit angst voor de besneden joden van de etenstafel van niet-joden terugtrok (Gal. 2:11-14).

Veranderingen leiden soms tot scherpe tegenstellingen. Dat is iets van alle tijden. Dit geldt niet alleen voor de diep ingrijpende verandering van de gelijke plaats in de kerk voor niet-joden. Dat geldt ook als het gaat om veranderingen waarbij slechts sprake is van het wijzigen van kerkelijke gewoonten. Te gemakkelijk wordt soms een verandering gezien als in strijd met wat de Here wil.
Het is van belang dat een gemeente zich alleen bindt aan Christus en zijn verzoenend werk en aan wat zijn apostelen en profeten hebben geleerd. Al te snel kunnen menselijke gewoontes en tradities de opbouw en de groei van de gemeente in de weg staan. Gewoonten kunnen veranderen. Goddelijke principes niet.

41

3.13 Tips voor inleiding en voorstudie (Maak een keuze!)

1. In Gezang 10:2 (*Gereformeerd Kerkboek*) zingen we:
   "het leven was mij sterven,
   tot Gij mij op deed staan.
   Gij doet mij schatten erven
   die nimmermeer vergaan."
   Deze passage is goed te hanteren als leidraad bij de behandeling van
   Efeze 2:1-10. (Zie verder: 2 Kor. 5:16-17; Kol. 2:12, 13.)
2. Efeze 2:5-7 toont de opstanding en de hemelvaart van Christus. Dit
   is van grote betekenis voor de gelovige, zie ook Romeinen 8:34.
   Werk uit de sterke bemoediging die hiervan uitgaat voor de positie
   van de kinderen van de Here (zie Rom. 8:33, 35).
3. Efeze 2:8-10 geeft de verbinding aan tussen aan de ene kant: de
   redding door Gods genade, en aan de andere kant: het doen van
   goede werken. Het doen van goede werken behoort tot de heiliging
   (de nieuwe levenswandel). Doet een ongelovige ook goede werken?
   Betrek bij het actuele onderwerp van de heiliging ook gedeelten uit
   de belijdenis (zie: art. 24 NGB; vr./antw. 86 HC; DL III/IV art. 12).
   Probeer het doen van goede werken concreet te maken.
4. Verhouding kerk-Israël (zie: Ef. 2:11-18). Zij die dichtbij zijn, zijn
   joden die Christus hebben aanvaard en zij die veraf zijn, zijn niet-
   joden die Christus hebben aangenomen. Hebben de joden nog een
   speciale plaats in Gods plan? Betrek bij de behandeling van de
   verhouding tussen joden en niet-joden: Romeinen 1:16-17; 2:10;
   10:12; 11:13-18. (Zie ook het boek van R.Th. de Boer.)
5. Ga na op welke manieren de Here heeft laten merken dat de (in vers
   15 genoemde) inzettingen terzijde zijn geplaatst. Je kunt denken
   aan:
   a. de besnijdenis (Hand. 15:5-12; Rom. 2:25-29; Gal. 2:11-14; Ef.
      2:11);
   b. het eten (Hand. 11:1-18).
6. Er is in het kerkelijk leven veel in beweging. Voor sommigen lijkt
   het erop of alles in de kerk 'anders' moet. Dit levert soms grote
   onderlinge spanning op. Ga aan de hand van Efeze 2:17-22 na op
   welke manier onrust bestreden en de eensgezindheid bevorderd kan
   worden.
7. De kerk is de sterkste kring op aarde, dankzij Christus, die haar
   bestuurt. Niemand zal tegen de Here en dus ook niet tegen zijn
   volgelingen op kunnen. (Dit komt krachtig uit in Ps. 110:1; Mat.
   22:44; 26:64; Hand. 2:34; 1 Kor. 15:25-26; Heb. 1:3, 13.)

3.14 Handreiking voor de bespreking

1. Op welke momenten ervaren we in ons leven heel sterk dat God aan zijn kinderen een plaats in de hemelse gewesten heeft gegeven (zie vers 6)?
2. De kerk in Paulus' dagen leed onder het vasthouden aan inzettingen die hun tijd gehad hadden. Ga eens na of er inzettingen binnen de kerk zijn waaraan vandaag te groot belang wordt gehecht.
3. Welke kwade geestelijke invloeden en grondpatronen van de wereld (zie vers 2) zijn vandaag te ontdekken?
4. In Efeze 2:12 lezen we niet slechts van één verbond maar van meer verbonden. Kent u meer oudtestamentische verbondssluitingen dan de bekende bij de berg Horeb?
5. Christus is de hoeksteen van de kerk. Typerend voor Christus' werk is dat Hij vrede sticht (Ef. 2:14, 17). De kerk is dus plaats van de vrede. De vrede staat soms onder druk door onderlinge ruzies. Wat doen wij in eigen gemeente aan de doorwerking van die vrede?
6. Op welke wijze is Efeze 2 een aansporing tot het zoeken van kerkelijke eenheid?
7. Er zijn er die zeggen: "Ik geloof wel, maar ik heb daarvoor de kerk niet nodig". Wat is daarvan, met name vanuit de laatste vier verzen van dit hoofdstuk, te zeggen?
8. Ongelovigen zijn vijanden van God. Soms zijn die vijanden vrienden van ons. Hoe houden we beide relaties zuiver?

3.15 Literatuur

J.J. Arnold, *Als de kerk kerk is*, Goes 1985 (pag. 9-23).
R.Th. de Boer, *Israël niet te vergeten*, Goes 1988 (pag. 129-146).
Bijbelse Encyclopedie, Kampen 1975 (zie onder het trefwoord 'Efeziërs'.)
Calvijn, *Zendbrieven*, vierde deel, Goudriaan 1972 (Efeziërs, pag. 22-38).
Christelijke Encyclopedie (eerste reeks), deel 4 (zie onder: wet Gods; besnijdenis).
Christelijke Encyclopedie (tweede reeks), deel 5 (zie onder: cultus II; besnijdenis).
L. Floor, *Efeziërs*, Kampen 1995.
S. Greijdanus, *Korte Verklaring op Efeziërs*, Kampen 1962.
J.I. Packer, *Oppervlakkigheid troef?*, Apeldoorn 1995 (hfdst. 7, over de Heilige Schrift en onze heiliging).
F.F. Venema, *Wat is een christen nodig te geloven?*, Barneveld 1985

(zie onder de trefwoorden 'geloof', 'kerk', 'Rome-goede werken' en 'verbond').

M. te Velde, *Gemeenteopbouw*, Barneveld 1992 (deel 1, pag. 9-17).

Wegwijs, uitgave van de Bond van Verenigingen van Gereformeerde Vrouwen en de Bond van Gereformeerde Bijbelstudieverenigingen, jaargang 51, nr. 1, jan. 1997 (pag. 3-11, over Levensheiliging).

4   Houd moed!

Efeze 3

4.1   Inleiding

Als u en ik nu eens hoorden bij de mensen aan wie Paulus deze brief
schreef? Zouden wij heel anders reageren dan de mensen toen?
De Efeziërs dreigden de moed te verliezen in een situatie die zo sterk
begonnen was. Zij hadden voorheen andere goden gediend. Iedere
grote stad had vaak z'n eigen god(en).
Stellen we ons een broeder van de gemeente Efeze voor. Met zijn
vrienden, familieleden en buren was hij één in het hetzelfde geloof.
En dan zegt hij op een dag tegen hem: "Ik stop ermee. De god van Efeze
bestaat niet. Ik heb de echte God gevonden. Ik heb zijn boodschapper
gehoord. Hij heet Paulus".
Hij vertelt dan van Jezus Christus, die alle macht heeft in hemel en op
aarde. En die bouwt aan een nieuwe wereldgemeenschap. Hij is en-
thousiast. Het oude geloof heeft afgedaan. Dat kost vriendschap. Dat
geeft problemen in de familie. Toch houdt hij vol.
En dan hoort hij later dat die boodschapper van Christus gevangengenomen is. En dat zijn gevangenschap permanent lijkt. Eerst zat hij vast
in Jeruzalem. Aansluitend in Caesarea en vervolgens staat hij onder
huisarrest in Rome (Hand. 21:27; 23:23; 25:12). Maakt dat niet pessimistisch? Vrienden van vroeger kunnen gaan lachen en zeggen: "Waar
blijft die machtige God van jou?"
En wij? Hoe zouden wij reageren, als wij zoiets meemaakten? Hoe
sterk staan wij bij tegenslagen in de kerk?

4.2   Algemene opmerking

Het gaat in hoofdstuk 3 om de bekendmaking van een goddelijk plan,
dat wereldwijd wordt uitgevoerd. Het gaat over kerkstichting. De God
van hemel en aarde sticht vanaf de grote Pinksterdag (Hand. 2) overal
op aarde zijn kerk. Hij beperkt de kerk niet meer tot het ene volk Israël.
Paulus noemt dit goddelijk plan een geheim. Hij noemde het geheim al
in hoofdstuk 1 (vers 9). Hij werkte het verder uit in hoofdstuk 2 (zie
vers 13). In hoofdstuk 3 gaat hij hiermee nog verder: Paulus mocht als

Gods boodschapper dit geheim bekend maken: Christus ook voor de heidenen! Dat is de ene lijn als het gaat om het geheim. Daarnaast trekt Paulus in dit hoofdstuk nog een tweede lijn. Hij wijst aan wat dat 'Christus voor hen' in de praktijk betekent. Zij moeten zich niet blind staren op wat Paulus overkomt, maar wat zij in Christus hebben en kunnen. Ze moeten meer zien dan Paulus' gevangenschap.

Het derde dat in dit hoofdstuk de aandacht vraagt, is Paulus' gebed voor de gemeente van Efeze. En we zien: de apostel praat niet alleen op hen in, hij doet voor hen ook voorbede. Paulus gaat dan in op allerlei concrete situaties.

4.3 Wat is het geheim? (vers 1-6)

Kerkleden vormen samen een sterk geheel. De kerk wordt vergeleken met een bouwwerk. Zij lijkt zelfs op een sterke stad, waarin God zelf woont (zie Ef. 2:22). God gebruikt de apostel Paulus om burgers uit Efeze tot levende stenen van dit gebouw te maken. Maar tegenstanders van God zetten hem gevangen.

> Paulus is in Jeruzalem gevangengenomen. De aanleiding was de beschuldiging dat Paulus niet-joden naar een voor hen verboden plaats in de tempel had gebracht (Hand. 21:28). Hij had daarmee de tempel ontwijd. Dit gold als een ernstig misdrijf. Na zijn aanhouding kreeg Paulus gelegenheid om een toespraak tot de woedende menigte te houden. Hij sprak van de opdracht die hij van God had gekregen om getuige te zijn van Christus onder de heidenen (Hand. 22:14-21).

Ondanks alles wat mensen hem aandoen, voelt Paulus zich geen gevangene van mensen. Hij schrijft: ik zit vast "ter wille van Jezus". Zijn lijden staat in dienst van God. Kerk-zijn sluit lijden in (zie Luc. 12:49-52; Fil. 1:29). Wij hoeven het lijden om Christus' naam niet te zoeken, maar het hoeft ons niet te bevreemden. Het aanwijzen van deze realiteit is een eerste hulp die Paulus aan neerslachtige mensen biedt.

Paulus' gevangenschap houdt verband met zijn opdracht om een geheim bekend te maken. Dit geheim: Christus opent de deuren van zijn gemeente voor burgers uit alle volken.

> Efeze 3:1 lijkt ook te willen zeggen: moet je kijken, dit geheim is het waard om zelfs gevangenschap voor te verduren! Als het minder belangrijk was, had Paulus die gevangenschap wel kunnen ontwijken. Juist op het punt van 'de heidenen horen erbij' knappen joden af. Let op de toevoeging: ik ben gevangen voor u, heidenen!

Paulus geeft aan dat het goddelijke geheim tot voor kort aan alle mensen op aarde onbekend was. Hij duidt dat aan met de woorden: "kinderen der mensen" (vers 5).

Als vanzelf komt de vraag op: was onder het oude volk van God de kennis van dit geheim niet aanwezig? Er wordt toch in het Oude Testament over de redding voor heidenen gesproken (zie o.a.: Jes. 45:22-24; Zach. 2:11).
Maar toch niet op deze manier. Petrus schrijft over profeten van voorheen die tastend zochten naar Gods bedoeling met de komende verlosser (1 Petr. 1:11). Het volstrekt nieuwe zit ook hierin, dat het om méér gaat dan om een inlijving van heidenen in het joodse volk. God schept een wereldkerk. Hij typeert deze als "één nieuwe mens" (Ef. 2:15). Deze bestaat uit gelovigen uit de joden en heidenen. Deze 'groepen' zijn aan elkaar gelijk, omdat ze op gelijke wijze verbonden zijn aan Christus.

De ontvangers van het geheim zijn speciaal door God uitgekozen mensen. Zulke afgezonderde personen heten 'heiligen'.
Sommige heiligen hebben van God het bijzondere ambt van apostel en profeet gekregen. Zij vormen het fundament van de kerk (Ef. 2:20). God gebruikte hen om zijn Woord door te geven. Hij wil dat deze boodschappers de inhoud van het geheim bekendmaken.
In hun spreken krijgt het woordje 'mee' een opvallend sterke plaats. Gelovigen uit de kring van de heidenen komen op gelijke hoogte te staan met gelovigen uit de joden. Zij heten: mede-erfgenamen, medeleden en medegenoten. Net als de gelovigen uit de joden ontvangen zij dezelfde erfenis (zie 1:11); zij zijn leden van het lichaam van Christus: de kerk (zie 2:19); ook voor hen is de belofte van de Geest van Christus (zie 1:13).
Dit staat zo vast als een huis. Daar doet Paulus' gevangenschap niets aan af. Hoe vreemd het ook kan lijken, dat Gods zendeling nu gevangen zit. Laat je niet afleiden door de vrijheid die Paulus mist. Besef goed wat je zelf bezit.

4.4 Een zwakke boodschapper (vers 7)

De wegen die God gaat, gaan ons denkvermogen te boven.
Dat komt ook uit in de keuze van Paulus. Naar onze maatstaf is hij een onmogelijke man. Moet een kerkvervolger apostel worden? De apostel weet dat ook zelf. Hij betitelt zichzelf daarom als "verreweg de geringste heilige". Hij werd door Jezus eigenhandig tegengehouden toen hij de kerk vervolgde. Gods plannen falen niet, hoe vreemd wij soms ook kunnen opkijken bij de dingen die gebeuren.

4.5 Bekendmaking van het geheim (vers 7, 8, 9)

Paulus mocht het geheim verklappen. Maar niemand moet menen dat we na het horen van de boodschap wel alles van God weten.
De rijkdom die je in de persoon en het werk van Christus tegenkomt, is niet na te speuren. Daarvoor is ons menselijk denken veel te beperkt. Dit blijkt ook uit het feit dat God zo onvoorstelbaar lang geleden met zijn 'Christus-geheim' bezig was. Dit past bij de soevereine Schepper van alle dingen. En Hij heeft het door alle eeuwen heen verborgen gehouden.

> Paulus noemt verschillende keren het woord geheimenis. Het is niet uit te sluiten dat Paulus ook heeft gedacht aan de onder Grieken bekende mysterie-godsdiensten met hun geheime codes en afspraken (mysterie = geheim).
> Wie daaraan deelnam, beloofde voor zijn inwijding dat hij over wat hij hoorde of zag zijn mond zou houden. Jouw inzicht moest geheim blijven. In tegenstelling daarmee mag het geheim van het christelijk geloof in al zijn rijkdom aan alle mensen worden verteld. Het punt van overeenkomst is: voor wie niet gelooft, blijft Christus een geheim. Alleen door het geloof ontvang je inzicht.

4.6 Het tonen van het geheim (vers 10-12)

In Gods wijsheid neemt het werk van zijn Zoon Jezus Christus een centrale plaats in. Nadat de apostel Paulus eerst deze wijsheid (Ef. 3:8) als onnaspeurlijk heeft getypeerd, wijst hij vervolgens op haar veel-kleurigheid. Deze veelkleurigheid wordt al meteen zichtbaar als we letten op de mensen om wie het gaat. De Here wil een band met mensen van allerlei taal, volk, kleur en ras. Maar de veelkleurigheid omvat meer. Allerlei zegeningen komen met Christus mee (zie Ef. 1:3-14). De wijsheid van onze God is als een lichtend kristal waarin steeds nieuwe kleuren flonkeren.
Vers 10 is een heel bijzonder vers. Want wie mag die veelkleurige wijsheid van God ook zichtbaar maken? De kerk zelf. Waar na de prediking van het 'Christus-geheim' een kerk gevormd is, wordt zij zelf boodschapster. Nota bene de kerk, met al die zwakke en soms pessimistische mensen. Zij mag op aarde 'etalage' zijn van Christus' macht en werk. Wat een indrukwekkend gevolg van de opening van Gods geheim.
Tegelijk is deze etalage ook op de hemel gericht: voor ons onzichtbare geesten komen kijken. Als 'kijkers' worden genoemd: de "overheden en machten in de hemelse gewesten". Het gaat hier allereerst om de aan God trouw gebleven engelen. Zij verlangen ernaar om de rijkdom van

Christus vanuit de gemeenten op te vangen (zie 1 Petr. 1:12).
De vraag komt dan op: waar is die etalage te vinden? Het is aan te nemen dat deze in de eerste plaats aanwezig is in de onderlinge bijeenkomsten: de kerkdiensten.
Naast de trouw gebleven geesten mogen we ook denken aan de engelen die zich onder leiding van satan tegen God hebben gekeerd. Ook zij zien gemeenteleden die Christus willen kennen en liefhebben. Dit zal hun een doorn in het oog zijn. Alleen het feit al dat de kerk bestaat, is een uiting van hun nederlaag.
Hoe uniek! Waar veel mensen schouderophalend aan de kerk voorbijgaan, komen onzichtbare geesten kijken.

Paulus spreekt hier niet over de gelovigen die ons naar de hemel zijn voorgegaan. Het gaat te ver om te zeggen dat zij ook toekijken. Dat zij op een bepaalde manier meeleven, staat wel vast. We mogen aannemen dat de engelen gebeurtenissen aan hen doorgeven, zodat ook zij voor de aarde bidden (zie Op. 6:10). Engelen in de hemel kijken en luisteren naar de kerk op aarde. Zij zien dat door al die nietige en zwakke mensjes, met al hun tekorten, God wordt gediend, ook vanuit moeilijke situaties van tegenslagen, ziekte en vervolging.

De apostel maakt de veelkleurige wijsheid op één onderdeel concreet. Hij wijst op de vrije toegang die mensen tot God mogen hebben.
Een gelovige kan zonder angst en schroom bij de heilige God aankloppen.

Hoe was het met het gaan tot God vóór de komst van Christus? Denk aan de tempeldienst in Jeruzalem. Een gelovige Israëliet die het tempelcomplex bezocht, mocht gaan tot de binnenste voorhof. In het tempelhuis mocht hij niet komen. Dat was alleen weggelegd voor de priester. De binnenste voorhof was voor een niet-jood zelfs verboden gebied. Zijn plek was de buitenste voorhof. Deze tempeldienst met al zijn offers kon door het werk van Christus verdwijnen. Christus' offer aan het kruis deed dan ook het grote voorhangsel in de tempel scheuren (Mat. 27:51). Allen die geloven zijn nu priesters en priesteressen (1 Petr. 2:9). Zij mogen zich zonder belemmering tot God wenden (zie Heb. 10:19-22; 12:22-24). Christus heeft de hemeldeur opengemaakt voor ieder die gelooft (zie Joh. 3:16).
Deze deur is na de hemelvaart van Christus voor satan en de zijnen voor altijd gesloten (Op. 12:7, 8). Voor hen geldt het bord: verboden toegang.

4.7 Moedeloosheid? (vers 13)

Paulus' beschrijving van de unieke plaats en taak van de gelovigen uit de heidenen (vers 1-13) dient een bepaald doel. Het is tot bestrijding

van moedeloosheid. We zien in vers 13 dat Paulus de eerder gesponnen draad over zijn gevangenschap (Ef. 3:1) weer opneemt.
Deze gevangen voorganger zegt: wie in de wereld verdrukking om de naam van Christus lijdt, mag dit als een 'eer' beschouwen. Het helpt je om de moed niet kwijt te raken.

Was er misschien ook sprake van een gevoel van achteruitzetting? Kwamen zij als gelovigen uit de heidenen toch niet een beetje achteraan? Het is opvallend hoeveel aandacht Paulus aan het gelijk-zijn geeft. Gelovigen uit de heidenen staan niet achter bij gelovigen uit de joden.

De gemeente moet de aandacht op Christus gericht houden en zich niet van de wijs laten brengen door Paulus' gevangenschap. Hij zet onder zijn verzoek om niet pessimistisch te zijn een dikke streep als hij zegt: ik vraag dit "met aandrang".

4.8 Voorbede (vers 14-17)

Paulus legt uit: lijden om het geloof is niet vreemd. Hij bemoedigt: voor pessimisme is geen reden. Tegelijk zien we dat hij hun moedeloze gevoelens niet aan de kant schuift. Hij peilt die. Vervolgens gaat hij voor hen bidden. Een fijn pastoraal moment. Leerzaam voor ons.

De voorbede blijkt een sterk element in Paulus' pastorale zorg. We komen het in deze korte brief drie keer heel nadrukkelijk tegen (zie ook Ef. 1:16; 6:18).

Hij draagt hen op aan de hemelse Vader. Hij gaat voor God op de knieën om voor hen te bidden. In dat buigen komt de afhankelijkheid en het ontzag voor God uit. Dit buigen verdient onder ons extra aandacht. Onze westerse maatschappij is veelal een harde maatschappij. Weten wij nog wat buigen is?

De apostel maakt hier een woordspeling op de Griekse naam voor vader: pater. Hij zegt: alle geslachten (patria) danken hun naam aan die hemelse Vader (pater).
Ieder die op aarde woont, bezit een naam. Elk mensengeslacht dankt zijn bestaan aan God. Alle geslachtslijsten komen ten slotte uit bij God (zie de geslachtslijst van Luc. 3:38). Bij wie anders moet je steun zoeken?

Paulus spreekt in zijn gebed over de heerlijkheid van God de Vader.

Denk aan de schittering en de statie van een koning of koningin tijdens koninklijke feestdagen. De pracht en praal gelden als uiting van hoogheid en macht. En waar het nu op aankomt, is: de kracht die God aan zijn kinderen geeft, is zo groot, dat zij past bij zijn glansrijke uitstraling. God in zijn glorie is een weerspiegeling van zijn ongekende macht. Dit vereist geloof. Daarvoor bidt Paulus dan ook.

De aanduiding "heerlijkheid" maakt de betekenis van iets of iemand zichtbaar. Gods heerlijkheid is te typeren als: de zichtbare macht van God. Deze wordt op uitbundige manier bezongen in Psalm 8. De heerlijkheid van zon, maan en sterren en niet in het minst die van de mens, stelt Gods macht in het volle licht (Ps. 8:4-6). Gods heerlijkheid wordt ook verbonden aan de komst van Jezus op aarde (Luc. 2:9) en aan zijn terugkeer uit de hemel op de jongste dag (Mar. 8:38).

Geloof werkt aan het centrum van je leven: het hart. Door de gave van geloof opent de Here je hart om daar Christus een plaats te geven. Paulus vraagt dan ook of de Heilige Geest die plek wil veroveren voor Christus. Let erop dat Paulus spreekt over wonen. Wonen is iets anders dan logeren of er een dagje overblijven. De Geest die ons aan Christus wil verbinden, vraagt een permanente verblijfplaats. Met minder kan Hij niet toe. Dit stempelt ons leven.

4.9 Veelzijdige kennis (vers 18-19)

Als Christus in je woont, kun je meer dan je denkt. Hij vult je leven met liefde. Deze gave is Gods hoogste gave en ze is ook blijvend (1 Kor. 15:13). Paulus wijst op de enorme krachten die dan loskomen. Hij vergelijkt ons leven met een onverzettelijke boom en met een sterk gefundeerd gebouw.
Vanuit die positie zal een gelovige de grootheid van Christus' werk leren kennen en de diepte van zijn liefde gaan ervaren.
Om deze kennis te bereiken, heb je andere kerkleden nodig.

Let op de accentuering van het samen bezig zijn. Wie op z'n eentje in de veelzijdige kennis van Christus wil doordringen, doet zichzelf tekort. Wees samen kerk! Omdat kerkleden uit alle volken komen, voelen we ons ook betrokken bij heel de kerk van God. Aan wat door gelovigen elders in de wereld wordt gedaan, hebben we steun. Dit geldt ook voor wat door kerkleden in het verleden is gedaan. Je leeft als kerklid niet op een eilandje.

51

Samen ga je veel van Gods werk zien, in tal van facetten. Paulus duidt dat aan met woorden die aan 'meten' doen denken.

Mensen beschrijven een voorwerp vaak door het noemen van de hoogte en de diepte, de lengte en de breedte. Zo lezen we het ook in Job 11:8, 9. Job brengt dit in verband met de ondoorgrondelijkheid en de grootheid van Gods doen en laten (Job 11:7). Iets dergelijks zien we hier bij Paulus. Laten we tegelijk niet menen dat we met het kennen van de breedte, lengte, hoogte en diepte God kunnen narekenen. Het houdt ons, van nature eigenwijze mensen, op onze plaats.

Paulus bidt voor de gemeente van Efeze om ervaringskennis. Het kennen van Christus bestaat uit meer dan weetjes. Het is Christus kennen in zijn liefde. Zijn liefde stijgt ver boven ons kennen uit.
Eenmaal gevangen door de liefde van Christus ontvang je ook allerlei andere hemelse geschenken: beloften en gaven. In het begin van de brief noemde Paulus er al een heel aantal (Ef. 1:3-14). Het zal haar aan niets ontbreken. Paulus noemt er straks nog meer (Ef. 4:7, 8). De Here maakt de gelovigen op die manier vol van Hem. Hij bundelt de verschillende geschenken tot een prachtig boeket, waarin geen bloem kan worden gemist.

4.10   Boven bidden en denken (vers 20-21)

Gods macht spoort aan tot bidden. Alleen de Here kan de voor ons onoverkomelijke barrières opruimen. De Here is tot veel meer in staat dan wij kunnen bedenken en vragen. Voorzichtig en terughoudend bidden doet tekort aan Gods macht.
Paulus eindigt met een lofprijzing op de macht en de glorie van God. Deze macht wordt op een opzienbarende wijze zichtbaar in het leven van Christus. Maar niet alleen bij Hem.
Weer haalt Paulus de gemeente voor het voetlicht. Ook zij toont Gods macht. Paulus laat hier zelfs de kerk voorop gaan. Je zou zeggen: hoe is dit mogelijk?
Denk aan allerlei problemen die in de kerk voorkomen. Duidelijk is dat de heerlijkheid van de kerk staat of valt met de plaats die Christus in de gemeente inneemt.
Gods macht blijft. Dit is waar en zeker. Daarom sluit Paulus af met het woord "amen".

4.11 Betekenis voor vandaag

a. Moedgevend
Vaak hebben we veel aandacht voor negatieve ontwikkelingen binnen de kerk. Paulus leert ons hier om het hoofd niet in de schoot te leggen, maar om moed te houden. Hij bepaalt ons bij de vraag of wij van Gods macht wel groot genoeg denken. Staan we voldoende stil bij het wonder van geloof, als mensen hun hart aan de Here geven? Mensen zoals u en ik, die dit van nature niet willen.
Paulus heeft de berichten van moedeloosheid gehoord. Mee daarom schrijft hij heel uitgebreid over wie God is. In ons bijbeltje: drie flinke hoofdstukken.
We letten vaak te veel op wat we in onze directe omgeving meemaken. Bij tegenslagen worden we pessimistisch. En we vergeten dat er veel meer is dan wat wij zien: de onzichtbare wereld, waar onze God woont. Daarvandaan komen ook engelen om in de etalage van de kerk op aarde te kijken. De Here geeft heel veel. Maar dankzij Christus: ook de gemeente zelf heeft veel te bieden. Niet alleen voor mensen op aarde, maar ook voor de bewoners van de voor ons onzichtbare wereld van de hemelse gewesten. De kerk mag aan hen de onnaspeurlijke rijkdom van Christus uitstallen.

In verbondenheid met Christus mag de gemeente een spiegel zijn die Gods glorie weerkaatst. Ook als zij het zwaar te verduren heeft. En ondanks Paulus' gevangenschap moet satan wereldwijd terrein prijsgeven. Ook in Efeze en in die landen waar christenen vandaag hardhandig vervolgd worden.
Ons lijden om het geloof is een ander lijden. We ervaren de druk van een stijl van denken en leven waarbinnen voor het christelijk geloof geen plaats is.
Het christelijk geloof wordt op veel manieren bespottelijk gemaakt. Paulus' gevangenschap tekent de christelijke kerk niet als een successtory. Dat gold voor de gemeente van Efeze. Maar het geldt ook voor de kerk van vandaag. Als succesvolle, rijke westerlingen worden we door het lijden van Paulus, maar vooral door Christus' nederige gang naar het kruis, erbij bepaald dat wij niet van menselijke successen leven.

b. Het deel krijgen aan het geheim
God wil uit de kring van de joden en de niet-joden mensen aan Christus verbinden. Om Christus te kennen en lief te hebben, heb je de Bijbel nodig. Maar wie alleen veel van God weet, heeft nog niet het geheim

van God ervaren. Het is de ervaring dat je een band met God voelt. Daarvoor is het geloof nodig. Want alleen door geloof wordt Christus jouw deel (zie Ef. 3:12, 17). Alleen zo eigenen we ons toe wat wij in Christus hebben.

Echte kennis omvat: dat ik in mijn eigen zonden en onmogelijkheden ben vastgelopen en geen andere uitweg zie dan mij over te geven aan Jezus, die de redder van mijn leven is.

Met het kennen van bijbelse feiten en het je houden aan kerkelijke gewoonten, woont Christus nog niet in je hart.

Leven met God kent geen automatisme. In gesprekken tussen de Gereformeerde Kerken (Vrijgemaakt) en de Christelijke Gereformeerde Kerken wordt op het gevaar van automatisme en het belang van de toe-eigening van het werk van Christus gewezen.

c. De kracht van het gebed

Het kan lijken dat Paulus als gevangene uitgeschakeld is. Toch is deze gedachte onjuist. Hij laat dit onder andere zien door erop te wijzen dat het machtigste wapen dat er voor een christen is, overal kan worden ingezet. Dit wapen gaat dwars door (gevangenis)muren heen. Dit wapen is het gebed (zie Ef. 1:16; 3:14).

'Uitgeschakelden' (zieken, gevangenen en anderen) staan vaak op een niet te vermoeden manier vooraan in de dienst van God. Dit is bemoediging.

Calvijn heeft prachtige dingen over het gebed geschreven. Hij merkte in dit verband op: met het gebed treden we Gods heiligdom binnen; door het gebed worden de schatten uitgegraven die door het evangelie worden aangewezen. En verder: we roepen bij het gebed naar ons toe: de tegenwoordigheid van Gods voorzienigheid (God waakt), van Gods kracht (God steunt) en van Gods goedheid (God vergeeft). (Zie: *De institutie*, boek 3, hfdst. XX, par. 2.)

d. Woning van Christus.

Christus in de hemel zoekt woningen op aarde. Hij wil met zijn Geest wonen bij iedere gelovige apart en bij de gelovigen samen, in de gemeente. Hij dringt de kinderen van de hemelse Vader naar elkaar toe. Individualisme past ons niet. Wie zegt "ik geloof wel, maar daarvoor heb ik de kerk niet nodig", misleidt zichzelf. Hij gaat tegen het werk van Christus in.

Het belang van samen de Here leren kennen, is ongekend groot. Dit omvat meer dan alleen veel van God weten. Het is een hulp om vervuld van Jezus te raken.

4.12 Tips voor inleiding en voorstudie

1. Als mogelijke indeling van een inleiding:
   a. de zwakke positie van Paulus (vers 1, 13);
   b. het ontvangen en het doorgeven van een geheimenis (2-9);
   c. de beleving van het geheimenis door de gemeente (10-12);
   d. de voorbede (vers 14-19);
   e. de lofprijzing (vers 20-21).
2. Ga na op welke punten Kolossenzen 1:24-2:3 je kan helpen bij de verklaring van Efeze 3.
3. Is het door Paulus genoemde geheim alleen in deze brief genoemd? Zoek met behulp van een concordantie op hoe in Romeinen, Efeze en Kolossenzen over een geheim gesproken wordt. Gaat het steeds om dezelfde inhoud?
4. Wat doet de kerk voor de onzichtbare geestelijke machten (Ef. 3:10)? Betrek hierbij Lucas 15:10, Hebreeën 12:18-24, Jakobus 1:23-25 en 1 Petrus 1:12.
5. Verdrukking is voor gelovigen een eer (Ef. 3:13). Zie hiervoor ook: 1 Petrus 4:12-16.
6. Waaraan is het wonen van de Here Jezus (Ef. 3:17) volgens Johannes ook gebonden en wat heeft ons dat te zeggen (zie Joh. 14:23)?
7. Gebruik artikel 27 van de Nederlandse Geloofsbelijdenis als toelichting bij de bemoedigende woorden van Paulus over de positie van de kerk (Ef. 3:20-21).
8. In Efeze 1:10 schrijft Paulus over het doel van Gods plannen: alles in hemel en op aarde samen te vatten onder het ene hoofd Christus. Geef aan hoe Paulus in Efeze 3:18 laat zien dat de kerk daarin een belangrijke rol vervult. Geef ook aan wat dit betekent voor het aangaan van kerkelijke contacten met andere kerken.
9. Het dienen van de Here vraagt niet alleen om activiteit van het hoofd (kennis), maar ook van het hart (gevoel) en van je hand (daad). Ga na hoe deze elementen in Efeze 3 hun plaats hebben.
10. God woonde voorheen bij zijn volk, in de tabernakel. Heeft dit wonen ook iets te zeggen voor het wonen van Gods Geest in ons hart?

4.13   Handreiking voor de bespreking

1. Paulus spreekt over de veelzijdigheid van Gods wijsheid. Paulus vraagt aandacht voor de gezamenlijkheid in het leren kennen van God. Op welke manieren kunnen we daaraan gestalte geven? Zijn de huidige vormen in uw gemeente voldoende? Wat betekent dit voor onze persoonlijke bijbelstudie, voor bijbelstudie op de vereniging en voor de tekstkeuze van de predikant?
2. Waar zou later in de gemeente van Efeze het verlies van de eerste liefde op kunnen slaan (Op. 2:4)? Hoe heeft de gemeente de hand gehouden aan wat Paulus schrijft over apostelen en profeten (vergelijk Ef. 3:5 en Op. 2:2)?
3. Geloof wordt in onze samenleving steeds meer een individuele zaak. Ieder gelooft waar hij zich prettig bij voelt. Paulus' schrijven wijst echter op de noodzaak van samenwerking (Ef. 3:18). Welke mogelijkheden hebben wij in eigen gemeente? Welke wensen hebben we?
4. Hoe kan Paulus' gevangenschap nu een eer voor de gemeente zijn? Is zoiets vandaag nog mogelijk?
5. Hoe ervaart u dat Christus in u woont (zie Ef. 3:17)?
6. Noem een tweetal bijbelse personen die hebben ervaren dat God krachten gaf die ver boven hun denken uitgingen. Wat kunnen we daar vandaag mee?
7. Op welke manier ervaren we het lijden om de naam van Christus? Wanneer gaan we dit lijden op een onjuiste manier uit de weg?

4.14   Literatuur

J.J. Arnold, *Als de kerk kerk is*, Goes 1985 (over de kerk als een gemeenschap, pag. 9-23).
R.Th. de Boer, *Israël niet te vergeten*, Goes 1988 (pag. 129-146).
Bijbelse Encyclopedie, Kampen 1975 (zie onder het trefwoord 'Efeze').
Calvijn, *Zendbrieven*, vierde deel, Goudriaan 1972 (Efeziërs, pag. 39-51).
Christelijke Encyclopedie (eerste reeks), deel 2 (zie onder: engel).
Christelijke Encyclopedie (tweede reeks), deel 2 (zie onder: engel).
L. Floor, *Efeziërs*, Kampen 1995.
S. Greijdanus, *Korte Verklaring op Efeziërs*, Kampen 1962.
F.F. Venema, *Wat is een christen nodig te geloven?*, Barneveld 1985 (hfdst. 11: De engelen).

Wegwijs, uitgave van de Bond van Verenigingen van Gereformeerde Vrouwen en de Bond van Gereformeerde Bijbelstudieverenigingen, jaargang 47, nr. 12, december 1993, pag. 285-291 (over: engelen); jaargang 50, nr. 10, oktober 1977 (pag. 215-228; over: Israël).
H. Westerink, *Roep Mij aan. Over de praktijk van ons bidden*, Groningen 1982 (hfdst. 4: Langs de trappen van Gods beloften).

5 Gemeenteopbouw

Efeze 4:1-16

5.1 Inleiding

Gefeliciteerd met de gaven die uw gemeente van de Geest ontvangen heeft. Welke gave hebt u? Kent u uw gave? Ja? Of zegt u: hoe kun je dat nu van jezelf zeggen?
Hoofdstuk 4 zegt dat alle mensen van God gaven hebben gekregen. En iemand die zijn gaven gebruikt, wordt daarmee ook zelf een gave. Paulus noemt een aantal van zulke mensen. Ze zijn nogal belangrijk. Het gaat over apostelen, profeten, evangelisten en herders en leraars. Apostelen en profeten zijn voor ons personen van heel vroeger. Bij evangelisten kunnen we ons ook voor vandaag een concrete voorstelling maken. De herder en leraar hebben we het scherpst in beeld. Gaan onze gedachten al niet gauw in de richting van de persoon van de predikant en daarnaast de ouderling? Tegen de predikant wordt heel verschillend aangekeken. Hij scoort in het maatschappelijk leven niet hoog. En hoe is het in de kerk? Er wordt wel eens geklaagd: de kerk is te veel een domineeskerk; of: de kerkenraad regelt te veel. De vraag komt op: hoe zijn we vandaag samen kerk? Hoe zit het precies met de gaven die God geeft? Hoofdstuk 4 helpt ons bij de beantwoording van deze vraag.

5.2 Algemene opmerkingen

Om een stuk uit de Bijbel goed te begrijpen, zoek je naar de kern van het verhaal. Aandachtig lezen brengt je vaak tot verrassende ontdekkingen. Je ontdekt een centrale gedachte. Je ziet een rode draad. Zo'n rode-draadwoord in hoofdstuk 4 is het woord 'volheid'.

Let maar op de volgende passages:
– Christus gaat alles tot 'volheid' brengen (vers 10);
– de gemeente zal komen tot de 'volheid' van Christus (vers 13).
Andere uitdrukkingen sluiten hierbij aan: rijpheid; mondigheid; groei in elk opzicht. De apostel heeft iets met dat 'vol zijn'.
Het begon al in het eerste hoofdstuk. Paulus schreef: bij de wederkomst van Christus breekt de volheid der tijden aan (1:10). Op dat moment

loopt het 'glas' van onze tijd vol. De nieuwe tijd breekt aan. Het volk van God mag dan voor altijd op de nieuwe aarde wonen. De Here Jezus werkt heel actief naar deze eindtijd toe. De Here 'opent' wereldwijd zalen en zaaltjes waarheen Hij mensen roept: de kerk. Hij gaat met haar op weg en maakt haar klaar voor de nieuwe wereld. Voor onderweg deelt Hij aan de leden van de gemeente allerlei gaven uit. Over deze heel praktische kant van het kerk-zijn gaat hoofdstuk 4. Een zaak van gemeenteopbouw. En dat heel letterlijk. Paulus heeft het immers over de "opbouw van het lichaam van Christus" (vers 12).

5.3 Gemeenteopbouw vraagt om een goede start (vers 1-6)

De apostel grijpt nog eens terug op de hachelijke positie van zijn gevangenschap (zie eerder: Ef. 3:3). Hij is in de macht van de Romeinse overheid. Dit komt door zijn werk voor de Here. Maar als het erop aankomt, weet Paulus zich gevangen door de Here. Je proeft de innerlijke rust in de woorden: "gevangene in de Here". Ook in zijn gevangenschap blijft de Here de eerste. Hij staat niet machteloos aan de kant.

De vergelijking met de apostelen die in Jeruzalem gevangengenomen werden, dringt zich aan ons op. Hun misdaad was dat zij in de naam van Jezus hadden gesproken. Zij werden vervolgens wonderlijk gered. Na hun tweede arrestatie werden zij gegeseld. Zij beschouwden hun smadelijke behandeling als een eer (zie Hand. 5:18, 41).

Paulus laat merken: denk van deze Here toch niet te gering. De Here is niet machteloos. Hij is nog steeds heel actief met zijn gemeente bezig. Hij smeedt haar tot een hechte eenheid. Waarin dit uitkomt? Al die zo verschillende kerkleden hebben dezelfde "Here", hetzelfde "geloof", dezelfde "doop" en dezelfde hemelse "Vader".

Bij geloof ligt hier het accent op de inhoud (!) van wat we geloven en niet op het geloof als 'een vast vertrouwen'. De doop omvat meer dan alleen het feit van de waterdoop. Het stelt de reiniging van de zonden door het bloed van Christus voor en de levensvernieuwing door de Heilige Geest. Eenheid in wat we geloven en eenheid in de wijze van leven binden kinderen van God hecht aaneen.

Helaas is de eenheid van de gemeente van Efeze aangetast door onderlinge verdeeldheid. Er is onverdraagzaamheid en ruzie. Paulus doet een dringende oproep tot een waardige levenswandel. Het woord "vermaan" (vers 1) heeft hier de betekenis van een dringend verzoek. Deze oproep krijgt extra klem door zijn gevangenschap.

Je kunt de vraag stellen: waar komt dit geruzie vandaan? Het is voorstelbaar dat de verschillende achtergronden van de gemeenteleden een rol spelen. De kerk bestaat uit gelovigen uit de joden en uit de niet-joden. Voelen de laatsten zich toch steeds achtergesteld?
Heeft Paulus daarom in de voorgaande hoofdstukken zo de nadruk gelegd op de gelijke positie van joden en niet-joden? Wil hij ook op die manier de onenigheid bestrijden?

Paulus benadrukt de liefde. Elkaar verdragen zonder liefde drijft de gemeente uit elkaar. Hoe makkelijk hebben we soms onze excuses en uitvluchten om aan het allesbeheersende gebod van de liefde (zie 1 Kor. 13) te ontsnappen! Paulus breekt daar dwars doorheen. Hij roept op tot "alle nederigheid". Let op dat 'alle'.

De oproep tot nederigheid was voor de niet-gelovige Griek in die tijd een heel vreemde oproep. Voor hem of haar was nederigheid geen deugd, maar het toppunt van zwakte, passend bij een slaaf. De houding van Jezus, die als een slaaf de voeten van zijn leerlingen waste, is voor zo'n Griek ongekende dwaasheid (zie ook 1 Petr. 5:5).

Als iedereen in de kerk z'n eigen weg gaat of de ander lelijk behandelt, lijkt elk zijn eigen God, zijn eigen geloof, zijn eigen doop en zijn eigen Vader te hebben. Dan verdwijnt het beeld van de kerk als één "lichaam". Het probleem lijkt, gelet op de vele woorden die Paulus gebruikt, diep te zitten. Hij kleurt nederigheid verder in met: zachtmoedigheid, geduld en liefdevolle verdraagzaamheid.

Tegenover het kleinmenselijke geruzie stelt Paulus de grootheid van God. Onze hemelse Vader staat immers ver "boven" ons, kleine mensen. En dan het wonder: toch maakt God gebruik van deze mensen (let op het: "door allen"). En Hij werkt "in" ons allemaal (hfdst. 3: 22). Hij vult ons bestaan tot aan de rand. Op deze manier ervaren we al iets van de volheid van de nieuwe aarde. Geruzie in de gemeente bouwt niet op. Werken aan gemeenteopbouw is dan tot mislukken gedoemd.

5.4 Verschillende gaven (vers 7-10)

Zoals we zagen, benadrukt Paulus de eenheid van de gemeente. Maar, zegt u misschien, is dit geen benauwende gedachte? Bestaat niet het gevaar dat we te veel nadruk leggen op eenheid? Moeten we dan in alles op elkaar lijken? Wordt het zo niet te benauwd in de kerk?

Toch is het omgekeerde waar. Paulus maakt dat in het vervolg duidelijk. Christus deelt gaven uit. (Als in vers 7 gesproken wordt over genade, mogen we denken aan genade-gave; zie ook vers 8 waar gesproken wordt over het ontvangen van gaven.) Deze worden niet gegeven in mensenmaat, maar in goddelijke maat. Dan mag je een veelkleurig geheel verwachten (vergelijk Ef. 3:10, 16). De kerk is een eenheid in verscheidenheid. Wat maakt de Keukenhof met zijn bloemenzee zo mooi? Juist de eenheid in verscheidenheid.
Er is verschil in gaven. Maar niemand heeft te veel of komt tekort. Omdat God de uitdeler is.

Paulus haalt, als het over de gaven gaat, een gedeelte aan uit Psalm 68 (vers 19). Over de bedoelingen van Paulus zijn de meningen verdeeld. Waar gaat het in Psalm 68 over? Veel uitleggers denken aan Davids zegetocht met de ark, waarbij hij blij danste voor de Here (2 Sam. 6:16). De ark werd opgevoerd naar de hooggelegen stad Jeruzalem. Na aankomst werden door David feestelijke geschenken uitgedeeld.
Wat ook de precieze betekenis is, volstrekt helder is dat Paulus het beeld uit Psalm 68 overbrengt op Jezus.
Het gaat om:
a. God overwint alle tegenstand;
b. Deze overwinning is behaald door Christus;
c. Christus deelt overwinningsgeschenken uit (Ef. 4:7, 11).

Jezus kwam uit de hemel naar de aarde. Hij keerde terug als overwinnaar: Hij had satan en de macht van de zonde overwonnen. Dat dit gebeuren zou, had de Here al in het bijzijn van Adam, Eva en de satan beloofd (Gen. 3:15). Jezus werkt nu toe naar de grote dag van de opening van de nieuwe aarde. Hij is bezig "alles tot volheid" te brengen. Hierbij neemt de vergadering van zijn kerk op aarde een heel speciale plaats in. Juist op die plek ervaar je een voorsmaak van wat ons te wachten staat. Daarvoor deelt Hij aan de leden gaven uit.
Helaas laten kerkleden en kerkleiders soms het tegendeel van die voorsmaak zien. Door onderling geruzie. Zo ook in Efeze.

5.5 Opbouw van de gemeente (vers 11-13)

Christus deelt in zijn kerk gaven uit.
Eén bepaalde gave tilt Paulus er apart uit. Deze loopt om zo te zeggen

voor de andere gaven uit. Dit is niet vreemd. Want je kunt pas gaven ván Christus ontvangen, als je eerst tót Hem bent gebracht. Daarvoor zendt de Here verkondigers die ons de weg naar Christus wijzen. Het valt op dat Paulus niet de gave van verkondigen zelf noemt, maar de personen die deze gaven hebben ontvangen: "apostelen, profeten, evangelisten en herders en leraars".

Het noemen van deze personen maakt duidelijk dat wij in een andere tijd leven. Apostelen zijn er vandaag niet meer. Zij droegen persoonlijk kennis van Christus. We hoeven niet alleen aan de bekende kring discipelen rond Jezus, later aangevuld met Paulus, te denken. Ook anderen worden apostelen genoemd, zoals Paulus' helper Barnabas (Hand. 14:14; zie ook Rom. 16:7).
Bij profeten denken we aan verkondigers bij wie het persoonlijk kennen van Jezus niet noodzakelijk is. Ditzelfde geldt voor evangelisten.
Bij profeten is sprake van personen die bijzondere openbaringen van God hebben ontvangen. Wat ze zeiden, moest wel getoetst worden (zie 1 Kor. 14:36-38; 1 Tess. 5:21). Bij evangelisten lijkt het accent te liggen op het uitdragen van de blijde boodschap in deze wereld. Profeten dienen meer bestaande gemeenten.
Dit laatste geldt ook voor de herder en leraar. Het gaat hier niet om twee personen, maar om één persoon, die zowel herder als leraar is. Te denken valt aan de ouderlingen in de gemeenten. Op een andere plaats in de Bijbel wordt onderscheid gemaakt tussen de ouderling in de gemeente die leiding geeft en degene die zich ook belast met prediking en onderwijs. De laatste zal om dit dubbele werk dubbel eerbewijs mogen ontvangen (zie 1 Tim. 5:17).

Bovengenoemde personen zijn aangesteld om te verkondigen. Paulus wijst ons op het grote belang van onderwijzing en onderricht bij gemeenteopbouw.

Vanaf de bodem van de verkondiging zet hij de verdere opbouw van de kerk in de steigers (vers 11-13). God in de hemel geeft voor zijn kerk verkondigers. Zij hebben tot taak de gelovigen toe rusten tot:
a. dienen;
b. deelname aan de opbouw van de kerk.
Deze toerusting is fundamenteel voor elke gemeente. Zij is tegelijk medicijn voor de gemeente van Efeze, waar de onderlinge vrede onder druk staat. De ander dienen en je mee verantwoordelijk weten voor de gemeente, bewaren je voor ruzie en hoogmoed. De wortel van dit kwaad is het zoeken van eigen eer.

In het Grieks wordt bij 'dienen' het woord 'diakonia' gebruikt. Het brengt ons in de sfeer van de dienende gemeente.

In het directe vervolg wijst de apostel op de bouwstijl van de hemelse bouwheer. Deze dringt de kerk tot:

a. eenheid in geloof;

b. eenheid in de kennis van de Zoon van God.

Dit in één adem naast elkaar stellen van geloof en kennis is niet zonder betekenis. Eenheid in geloof gaat samen op met de eenheid in de kennis van Christus. Deze kennis komt naar ons toe door het op schrift gezette woord van de apostelen en profeten (zie hfdst. 2:20). De Bijbel zegt ons wie onze hemelse bouwmeester is en wat zijn plannen zijn.

Het beeld van de kerk als lichaam is in dit verband een treffend beeld (vers 4, 12). Een lichaam kent ledematen die in hun functioneren precies op elkaar zijn afgestemd. Maar als de hand tegen de voet in werkt, functioneert het lichaam verkeerd. De eenheid wordt verstoord.

Waar eenheid van geloof en kennis is, wordt een kerk volwassen. Welke gemeente verlangt niet naar deze rijpheid? Tegelijk zullen we de pas genoemde houding vasthouden: we zullen dienend deelnemen aan de opbouw van de gemeente (Ef. 4:12). Wie dit vergeet, loopt grote kans een nare scherpslijper te worden. Maar wie alles onder de dekmantel van de liefde wil stoppen, gaat ook de mist in.

Bij een gezonde leer en levenshouding komt de kerk tot volwassen rijpheid. Zo wordt zij sterk. Zij wordt door Christus tot het hoge niveau van zijn 'volheid' gebracht. Zij wordt vol van zijn zegeningen en van zijn gaven. Zo ontvangt de gemeente voor vandaag alles wat zij nodig heeft.

Het kan lijken dat Paulus het over de toekomst heeft. Hij gebruikt het woordje "totdat" (vers 13). Komt de geloofseenheid pas op de nieuwe aarde? Nee. Het 'totdat' geeft de onontkoombaarheid aan. Het bereiken van deze volwassenheid mag nu al plaatsvinden. Het kan niet anders. Natuurlijk ligt hier wel een verband met wat ons in de toekomst te wachten staat. Paulus sprak er eerder over toen hij schreef over de volheid der tijden (hfdst. 1:10, naar de vertaling van de *Korte Verklaring*). Gelovigen worden nu al tot op het hoge niveau van de toekomst getild, al staan ze nog met hun voeten in het moeras van een gebroken en zondige wereld.

Door prediking en onderricht zet de hemelse architect zijn plannen uiteen. En de gemeente mag bouwen. Gods helpers in bijzondere dienst staan niet boven de gemeente. Zij zijn gewoon medebouwers onder de andere gemeenteleden. Ook iemand als Paulus. Hij laat immers weten dat "allen" tot het grote doel van eenheid van het geloof en de kennis van Christus moeten komen.

5.6 Geen stuurloos schip (vers 14, 15)

Gemeenteopbouw is: laat je alleen door Christus leiden en door wat Hij tot ons te zeggen heeft. Dan sta je in deze wereld niet met de mond vol tanden. Dan weet je dwaalleer te ontmaskeren, hoe uitgekookt die ook naar voren wordt gebracht.

> Paulus gebruikt met de aanduiding "spel" een woord dat duidt op het dobbelspel waarin met grote handigheid geprobeerd wordt de ander te misleiden.

De apostel laat zien wat er gebeurt als aan de waarheid van Christus getornd wordt. Je lijkt op een stuurloos schip. Je raakt bij de eerste de beste dwaling uit de koers. Bij het door hem gebruikte woord "wind" moeten we denken aan een zacht windje en niet aan een harde wind. Dus bij een eerste ritseling van dwaling ben je al van de wijs.
Maar wie zich aan de waarheid van Christus houdt, hoeft niet bang te zijn. Het verband tussen de Bijbel en Christus is door Calvijn met een treffend beeld onder woorden gebracht. Deze schreef: Christus komt in het gewaad van de Bijbel naar ons toe.
Wie aan het Woord van God vasthoudt, groeit als gemeente naar Christus toe. Let erop dat er staat: het is groeien in liefde (!). Op deze dienende manier raakt de gemeente hecht verbonden aan het hemelse centrum.
Het moet dus anders in Efeze, waar de onderlinge liefde ontbreekt (Ef. 4:1, 2, 3). Waar deze wel gevonden wordt, komt er mildheid in de benadering van elkaar en durf je open naar elkaar te zijn.

5.7 Kracht van allen (vers 16)

Als kerklid aan de rand van die kerk meelopen? Het kan niet. De apostel wijst op de inbreng van alle gemeenteleden. Tegelijk vraagt hij nog speciale aandacht voor een aparte groep. De apostel schrijft over "geledingen". Bij geleding gaat het om een 'gewricht' met zijn banden en pezen. Zoals een lichaam banden heeft die lichaamsdelen bijeenhouden, zo beschikt de kerk over personen die geroepen worden tot het bijeenhouden. Het ligt voor de hand om hier te denken aan de eerder genoemde apostelen, profeten, evangelisten en herders en leraars. Door prediking en onderwijs, die gericht zijn op Christus, zullen zij samenbindend werken.
Maar wat is een kerk met alléén 'gewrichten'? Paulus toont dat elk lid zijn steen bijdraagt. Ieder draagt bij naar de hem of haar verleende kracht. Het kan niet anders.

Schreef Paulus even hiervoor niet dat God aan allen gaven uitdeelt (vers 7, 8): aan de zakenman, de moeder van een gezin, de jongere enzovoort? De kerk heeft de taak om die krachten te gebruiken. Ook die van de jongeren. Ze zijn soms zomaar uit beeld. En niet zonder schade. Ook door hen wil de Here zijn kerk tot een goed sluitend geheel maken.

Een kerk die leden vergeet, oud of jong, beseft niet hoe nodig ook zij voor de opbouw van de gemeente zijn.

5.8 Betekenis voor vandaag

a. Samenspel

De gemeente wordt voorgesteld als een lichaam. Een prachtig beeld. Elk lid heeft een plaats. En hoort erbij.

Gelovigen leven niet los naast elkaar. Zij behoren tot hetzelfde lichaam. Oppervlakkige omgang sluit misschien moeilijkheden uit, maar beantwoordt niet aan de gevraagde eenheid en samenwerking.

Het is goed om dat voor ogen te hebben in een samenleving waarin het individualisme sterk is. Als kerkleden leven we in die samenleving. Maar wil je de liefde van Christus kennen en ervaren, dan hebben we elkaar nodig. Christus is onze gemeenschappelijke bron.

We zijn aan elkaar gegeven, zoals dat ook gebeurt op de nieuwe aarde. Ieder heeft hier een eigen taak. We zullen niet alles aan de ambtsdragers overlaten.

En de predikant moet ook niet te veel willen doen. Dit schriftgedeelte leert dat hij vooral de tijd en de ruimte moet krijgen om aan zijn eerste taak toe te komen: verkondiging en onderricht. Is hij soms niet te veel met andere dingen bezig?

Schuld van hem? Of schuld van de gemeente, die te veel van hem verwacht?

Bij het toerusten door de ambtsdragers ontvangen gemeenteleden aanwijzingen voor het vervullen van hun taak. De ambtsdrager zal niet 'alles' zelf doen. Juist niet. Het lichaam van de kerk bestaat niet uit één of enkele leden.

b. Mondigheid

De kerk is voorbode van het bestaan op de nieuwe aarde. In de kerk is de nieuwe mensheid te vinden. We zagen eerder dat Christus zijn gemeente nu al vult met een volheid van de hemelse zegeningen (hfdst. 1:3-14). We zien in vervolg hierop dat Hij de kerk een veelheid aan gaven geeft (hfdst. 4:7).

Deze hemelse krachtenstroom maakt niet passief. In het gebruik van de

gaven demonstreert elke gelovige zijn mondigheid in Christus. Ons hoofdstuk reikt bouwstenen aan voor de opbouw van die gemeente. Het wijst op de kracht die er van de gemeente uitgaat, als ieder op zijn of haar plek met de ontvangen gaven aan het werk gaat.
Dit betekent voor gemeenteopbouw:
a. elk lid heeft gaven;
b. ieder mag zijn gaven gaan ontdekken;
c. de gaven moeten niet ongebruikt blijven;
d. niemand moet menen dat hij alle gaven bezit;
e. niemand moet menen dat hij of zij genoeg heeft aan de eigen gaven; ook die van anderen zijn voor hem of haar nodig.

Door een goede houding en door het gebruiken van je gaven wordt de kerk een mooi sluitend geheel. Misschien slaakt u een zucht en zegt: "Was het maar zo"? Maar in een kerk die zich stelt onder de leiding van Christus, wint het vertrouwen op Christus het van het pessimisme.

Tegelijk kunnen zich andere problemen voordoen.
Paulus doet een krachtige oproep tot het bewaren van de onderlinge liefde en de vrede. Met veel 'doen' voor de kerk ben je nog niet mondig. De achterliggende levenshouding is in de eerste plaats bepalend: zonder liefde gaat het niet (goed).

5.9   Tips voor inleiding en voorstudie

1. De gemeente is een lichaam (Ef. 4:4, 12, 16). Alle leden hebben daarin een plaats. Je kunt de inleiding opzetten langs een drietal hoofdlijnen: a. de eenheid van het lichaam; b. de verschillen in de gemeente; c. de stabiliteit van het lichaam. Wat is belangrijk bij elk van de drie?
2. De inleiding is ook op te zetten vanuit het thema gemeenteopbouw. Geschikt om hierbij te gebruiken is hoofdstuk 1 uit *Gemeenteopbouw* deel 1, geschreven door M. te Velde.
3. De kerk hangt niet af van zich uitslovende mensen, maar van Christus. Werk uit op welke manier dit schriftgedeelte ons dit duidelijk maakt.
4. De Here geeft vanuit de hemel gaven. Maak met behulp van Romeinen 12:4-8 deze gaven concreet voor vandaag.

In een boek over gaven worden o.a. de volgende gaven genoemd: artistieke creativiteit; barmhartigheid; dienen; evangelisatie; gastvrijheid; gebed; geloof; geven; handvaardigheid; helpen; herderschap; kennis; leiding geven; leren (onderricht geven); muziek; onderscheiden van geesten; organiseren; zending; zielszorg. Ik voeg hieraan nog toe de gave van het ambt in de kerk. Juist deze gave wordt in Efeze 4 apart genoemd. Ik denk naast de ouderling en de predikant ook aan de diaken. In de opsomming van zo-even staan niet de bijzondere gaven uit de begintijd van de nieuwtestamentische kerk vermeld (zie 1 Kor. 12:28 -31). Ik neig tot de opvatting die zegt dat God de bijzondere gaven niet in alle tijden geeft, maar op momenten waarin de kerk extra steun nodig heeft. Wij kunnen die momenten niet bepalen. Het uitdelen ervan is aan God. In bepaalde kringen van de Pinkstergemeenten vindt men tongentaal, profetie en gave van genezing zo belangrijk, dat daaraan de 'kwaliteit' van de gemeente of van de gelovige wordt beoordeeld. Is dit juist, als u denkt aan de tijd van de richters of aan de momenten van diep verval in de tijd van Elia en Elisa? De bijzondere gaven die God toen gaf, dienden als extra ondersteuning.

Gebruik ter illustratie van het ontvangen en gebruiken van gaven de gelijkenis van Jezus over de talenten (Mat. 25:14-30).
5. Welke houding past een ouderling/predikant tegenover de gemeente? (Zie hiervoor 1 Petr. 5:1-4.) Hoe geldt dit voor de gemeente tegenover de ambtsdrager? (Zie hiervoor 1 Tim. 5:17-19; 1 Petr. 5:5.)
6. De kerkelijke opbouw laat zich goed toelichten vanuit zondag 21 van de Heidelbergse Catechismus (vraag en antwoord 54 en 55). Wie neemt de eerste plaats in bij de opbouw en op welke wijze werkt hij? Op welke manier dragen alle kerkleden hun steentje bij?

5.10 Handreiking voor de bespreking

1. Vragen bij gemeenteopbouw. Wat kunnen we doen om zoveel mogelijk gemeenteleden actief in de gemeente in te schakelen? Worden er ook te veel 'dingen' door dezelfde mensen gedaan? Hoe steunen we de jongeren (12+; 16+) in hun deelname aan de gemeente?
2. Wat mogen we bij gemeenteopbouw van de ambtsdragers verwachten? Wat zijn hun eerste taken?
3. Gaven worden ingezet tot opbouw van de gemeente. Hoe ontdekken wij welke gaven we hebben? Welke gaven hebt u? Op welke wijze kunnen we onszelf en anderen helpen bij het ontdekken ervan?
4. Soms zijn kerkleden met hun gaven meer actief buiten dan binnen de gemeente. Wat is daarvan de reden?
5. Een helaas regelmatig opduikende uitspraak is: "Ik geloof wel, maar daarvoor heb ik de kerk niet nodig". Hoe laat Paulus in dit gedeelte zien dat Christus een andere weg wijst?
6. Hoe laat dit gedeelte zien dat de kerk er met het vasthouden van de

waarheid alleen niet is? Hoe helpt dit bijbelgedeelte bij het streven naar kerkelijke eenheid? Waarom is voor evangelisatie 'eenheid in het geloof' noodzakelijk? Wat moet ik onder eenheid van het geloof verstaan?

7. Voor welke gemeenteleden betekent vers 16 een oproep en voor welke een bemoediging?

5.11 Literatuur

J.J. Arnold, *Als de kerk kerk is*, Goes 1985 (Geen 'alleenstaanden' in de kerk, pag. 23-34).

Bijbelse Encyclopedie, Kampen 1975 (zie onder: Efeze; charisma).

Calvijn, *Zendbrieven*, vierde deel, Goudriaan 1972 (Efeziërs, pag. 52-65).

Christelijke Encyclopedie (eerste reeks), deel 4 (zie onder: Efeziërs; charismata).

Christelijke Encyclopedie (tweede reeks), deel 5 (zie onder: Efeziërs; charismata).

L. Floor, *Efeziërs*, Kampen 1995.

S. Greijdanus, *Korte Verklaring op Efeziërs*, Kampen 1962.

C. van der Leest, *Dienstvaardig I*, Barneveld 1987 (De plaats van de ambtsdragers, pag. 16-25).

M. te Velde, *Gemeenteopbouw*, Barneveld 1992 (deel 1, hfdst. 1).

F.F. Venema, *Wat is een christen nodig te geloven?*, Barneveld 1985 (De bijzondere ambten in de kerk, pag. 221-226).

6 Het navolgen van Christus

Efeze 4:17-5:21

6.1 Inleiding

Kunt u Jezus navolgen? De Nederlander Thomas à Kempis zei: ja. Hij schreef er verhalen over. Anderen maakten er een boek van. Dit werk werd wereldberoemd. Het heet *Over de navolging van Christus*. Het dateert uit de vijftiende eeuw. De eerste zin uit dit boek luidt: "Wie Mij volgt, wandelt niet in de duisternis, zegt de Heer" (Joh. 8:12).

Deze beginzin sluit goed aan bij ons bijbelgedeelte Efeze 4:17-5:21. Het gaat immers over het volgen van Jezus. We lezen: "Weest dan navolgers van God (...) en wandelt in de liefde, zoals Christus u heeft liefgehad" (hfdst. 5:1-2). Het gaat daarbij over onze manier van leven. Wat Paulus noemt, is voor ons herkenbaar. Het zijn dingen waar we dagelijks mee te maken hebben. Het gaat onder andere over ons werk, ons taalgebruik, onze houding tegenover seksualiteit en ons drankgebruik.

Ja maar: kunnen wij Christus wel navolgen? De mens is toch zondig? Zijn ook onze beste werken niet onvolmaakt? Door protestanten wordt vaak kritiek op Thomas à Kempis uitgebracht. Hij schreef te weinig bijbels. Toch is de gedachte van het navolgen op zich heel bijbels.

Het navolgen van Christus plaatst ons midden in het dagelijkse leven. Paulus springt flitsend van de ene naar de andere situatie over. Hij maakt pakkende vergelijkingen. Niet zonder gevoel voor humor zegt hij: "En bedrinkt u niet aan wijn, (...) maar wordt vervuld met de Geest" (Ef. 5:18). Het raakt ons leven van alledag. Van dat praktische houden we. Of... toch niet altijd. Het vraagt nogal wat.

6.2 Algemene opmerkingen

a. Achtergronden

In zijn brief aan de gemeente van Efeze staat centraal: Christus. Hij heeft macht over alles, tot aan de boze geesten toe. Al kan het anders lijken, omdat er zoveel kwade en liefdeloze dingen op aarde gebeuren. Omdat ook de duivel nog macht heeft. Paulus weet dit. Hij schrijft er ook over. Maar hoe kan dit? Als de Here dan alle macht heeft, waarom laat Hij al die ellende toe? Veel mensen hebben hun gedachten erover laten gaan. De antwoorden zijn heel verschillend. De apostel Paulus gaat het ons niet precies uitleggen. Hij gaat uit van een werkelijkheid die God hem heeft geleerd.Tot die werkelijkheid behoren de volgende feiten:

1. De grote dag komt waarop Christus verschijnen zal. Hij gaat aan alle gebrokenheid een einde maken en alles tot volmaaktheid brengen (Ef. 1:10; Ef. 4:10).
2. Christus kan deze volmaaktheid brengen, omdat Hij nu al in bezit is van alle macht (Ef. 1:20-22).
3. De satan en andere geesten vormen nog een sterke macht die vanuit bovenaardse regionen opereren (Ef. 2:2; 6:12). Daarom moeten wij vandaag strijd voeren, om niet in het straatje van de satan en de zonde te gaan lopen.
4. De macht van de zonde die opkomt uit ons eigen hart (Ef. 2:3) en die vanuit de wereld om ons heen (Ef. 2:2) op ons afkomt, is nog aanwezig.

b. Geen zondag-christendom

In de strijdsituatie waarin we vandaag leven, mogen we rekenen op de steun van Jezus Christus. Hij roept ons tot navolging. Daarover gaat het in de hoofdstukken 4 en 5.

De apostel noemt gelovigen die Christus volgen, een licht in deze duistere wereld (Ef. 5:8). We zagen eerder al dat zij Christus als hun hoofd hebben (Ef. 1:22; 4:15). Met andere woorden: wil je iets van de komende nieuwe wereld ontdekken, dan moet je bij de gemeente zijn. Zij is de enige instelling die Christus als hoofd heeft (Ef. 4:15). De kerk is van Hem vol (Ef. 4:6, 10, 12). In die navolging zijn de gelovigen elkaar tot steun (Ef. 5:18-19). Dat dit geen zondag-christendom is, maakt Paulus vanaf hoofdstuk 4 duidelijk. Het "u geheel anders, want u hebt Christus leren kennen" (Ef. 4:20) is geen ideaal dat in een verre toekomst ligt. We bevinden ons hier op het terrein van de heiliging van ons leven. Christus neemt de zijnen niet alleen de last van de zonden af, Hij neemt hen ook mee het 'nieuwe leven' in. Hij doet dit door de Heilige Geest. Paulus benadrukt het vol zijn van de Geest (Ef. 5:18). Maar wie de Geest van Christus tegenstaat, bedroeft Hem (Ef. 4:30).

c. De opzet van dit bijbelgedeelte

Wie, terwijl het buiten aardedonker is, in een kamer vol mensen onverwacht alle lichten uitdoet, krijgt reactie. De overgang is totaal. Je kunt geen hand voor ogen zien. Je leeft in een andere wereld. Paulus schetst ook twee totaal verschillende werelden. De ene noemt hij licht, de andere donker. In Efeze 4:17-5:21 toont Paulus het ene moment het licht en het ander moment de duisternis. Het is: uit-aan-uit-aan.

6.3   Trek uit! (Ef. 4 vers 17-19)

Let op de manier waarop Paulus zijn oproepen tot een nieuw leven begint. Hij doet dat heel stellig: "Dit zeg ik dan en betuig ik in de Here" (hfdst. 4:17) dat u niet zo moet leven als de heidenen doen. Het zal zeker een bedoeling hebben om zo krachtig te beginnen. Verwachtte hij opmerkingen als: ach, dat valt wel mee? Hij plaatst ons hier in de sfeer van het recht, waarbij hij de Here als getuige aanroept.

De gelovigen in Efeze moeten radicaal met het oude leven breken. Dit leven belemmert in de eerste plaats de onderlinge verhoudingen in de gemeente (Ef. 4:25, 31).
Het vroegere leven is uitgetrokken, zoals je een jas uitdoet en weghangt. De naam van die jas is: de oude mens. Deze leeft los van God. Een christen hult zich in de 'nieuwe mens'.
Paulus denkt bij 'oude mens' aan het volgende:
- deze meent genoeg aan de eigen wijsheid te hebben;
- deze heeft niet door hoe beperkt zijn denken is;
- deze bezit geen kennis van God en dat door eigen schuld;
- deze zoekt de verdoving van een losbandig leven; zo iemand gebruikt onreinheid (= seksuele onreinheid) om geld te verdienen.

We herkennen er onze tijd in. De Prediker zei al: "Er is niets nieuws onder de zon" (Pred. 1:9). Deze stijl van denken en leven is van alle tijden. Geen wonder, want de aanstichter van dit denken en doen is nog steeds dezelfde. Paulus wijst hem aan door te zeggen dat we de duivel buiten ons leven zullen houden (zie Ef. 4:27).

6.4   Trek aan! (vers 20-24)

De lezers hebben onder andere van Paulus onderwijs gehad. Hij leerde hun wie Jezus Christus was. De Here vormde hun leven om tot een nieuw bestaan. Hun vroegere leven(swandel) werd afgelegd. In die plunje kon je niet leven. Je leven van toegeven aan eigen begeerten leek leuk, maar je zou erop stuk gelopen zijn.

Ieder moet een nieuwe mens aandoen. Dan ondergaat je denken een onvoorstelbare verjongingskuur. Je beziet alles met nieuwe ogen. Er gaat een wereld voor je open en je gaat aan dingen een nieuwe inhoud geven. Je leert bij God pas echt zien wat goed en fout is. Je ontdekt wat een heilig leven inhoudt. En dit staat niet los van God. Hij wil de mens als beeld van Zichzelf herstellen (zie Gen. 1:27; vr./antw. 6 HC). De Here is in het leven van de gelovige actief met zijn scheppingskracht! Paulus wijst het dubbele spoor van de bekering aan. God werkt in ons. Maar ook wij zullen actief zijn.

6.5 Praktische oproepen (vers 25-32)

Gods activiteit is groot. Toch maakt hij van de mens geen robot. Hij geeft de mens verantwoordelijkheid. Een mens kan zich niet voor God verbergen. De Here openbaart zich als degene die tot elk mens komt met de oproep: doe de nieuwe mens aan.

> Maar hoe zit het nu met Gods verkiezing? Hoe kun je de nieuwe mens aandoen, als je niet weet of je door God uitgekozen bent? De Bijbel gaat nergens uit van de gedachte dat God verloren mensen tegemoet zal treden met het verwijt dat zij niet uitverkoren zijn. Nee, het verwijt zal heel concreet zijn: de dwaze meisjes hadden hun lampen niet met olie gevuld (Mat. 25:8). De broers van de rijke man in de hel hadden genoeg aan Gods Woord moeten hebben (Luc. 16:29). Anderen werden aangesproken op hun liefdeloosheid (Mat. 25:45). Gods verkiezing blijft voor ons een geheim. Maar we hebben daarmee geen uitvlucht om Gods oproep om Hem te dienen te negeren (vergelijk ook Deut. 29:29).

Paulus maakt zijn oproep heel concreet. Hij schrijft: lieg niet. Wie liegt, begeeft zich op het specifieke terrein van de satan. Hij heet niet voor niets: de vader van de leugen (Joh. 8:44).
Wat opvalt is de toevoeging: "Spreekt waarheid (...) omdat wij leden zijn van elkaar". Deze leden hebben 'iets' met elkaar, omdat ze allemaal staan onder hetzelfde hoofd: Christus. Met als gevolg dat wie in de gemeente liegt, niet alleen zijn medebroeder, maar ook Christus schade toebrengt.

Wie allerlei praktische dingen noemt, loopt het gevaar om deze tot in de perfectie door te drijven. Het zijn telkens van die kleine opmerkingen die duidelijk maken dat daarvan bij de Here geen sprake is.

a. Toorn

Aan de ene kant kan Paulus zeggen: voor toorn kan geen plaats zijn (vers 31). Aan de andere kant hoeft toorn op zichzelf nog niet zondig te zijn (Ef. 4:26; zie ook Mat. 5:22). Blijf niet in je toorn steken. Anders geef je aan satan kansen, zodat je boosheid tot zonde wordt.

b. Stelen

Opvallend is de oproep om het stelen na te laten. Nogal wiedes, zouden we zeggen. De wijze van formuleren doet denken dat diefstal in hun vroegere leven een normaal verschijnsel was: wie een dief was, stele niet meer.

> Stelen is vandaag binnen bepaalde culturen nog gewoon. Stelen is toegestaan als niemand het ziet. En als er geen bijzondere dingen gebeuren, hebben de goden kennelijk geen bezwaar.

Het nemen van andermans bezit is echter volstrekt uitgesloten. Net als bij 'toorn' vindt er een aanvulling plaats: steek de handen uit de mouwen om ook mensen die tekortkomen te kunnen helpen. Paulus typeert het werk ook nog met de aanduiding "goed" (Ef. 4:28). Met andere woorden: niet elk werk dat voorhanden is, blijkt passend in de dienst van God. Je kunt niet elke willekeurige baan aannemen.

> Zelf handwerk verrichten was voor de vrije Griekse burger in Paulus' dagen minderwaardig. Daar had de vrije burger zijn mensen voor. Paulus zelf schaamde zich niet om in de tijd van zijn apostelschap het oude handwerk van tenten maken weer op te pakken (zie Hand. 20:33-35).

c. Taalgebruik

Opvallend is de grote aandacht die de apostel wijdt aan ons spreken (hfdst. 4:29; 5:4, 19). Slechte praat past ons niet. Hoe dan wel? Wees in je spreken opbouwend, zodat het winst is voor wie naar je luistert. Voor Paulus verder gaat over ons spreken, wijst hij op de Heilige Geest. Wie aan de oude levensstijl vasthoudt, bedroeft de Heilige Geest.

> Er zijn vertalers die dit te zwak uitgedrukt vinden. Het gaat hier om een woord dat volgens hen aangeeft dat de Heilige Geest er pijnlijk door getroffen wordt. Wie zal de Geest voor het hoofd willen stoten, als je let op wie Hij voor je is? Hij geldt voor de gelovige als het garantiebewijs van de toekomstige erfenis (zie o.a. Ef. 1:13). En de drie-enige God wil door zijn Geest in de gelovige wonen (Ef. 2:22).

De apostel wijst aan dat bij een kind van God geen leven in bitterheid, boosheid, toorn, schreeuwen en vloeken past. Dat kan geen recht van bestaan hebben. Let op de sterke formulering: ban het uit! Wie hier openingen zoekt, vindt de deur van de nieuwe aarde voor hem of haar op slot (zie Op. 22:15).

De inwoning van de Geest leidt tot heel andere uitingen: vriendelijkheid, barmhartigheid en vergevingsgezindheid. Vooral dit laatste schept ruimte in onderlinge verhoudingen. Juist hierin mogen we navolgers van Christus zijn. Die juist voor de vergeving van onze zonden de weg van lijden moest gaan. En Hij heeft ons wat te vergeven!

6.6 Navolging van Christus (Ef. 5 vers 1, 2)

Onze Bijbel (vertaling van het NBG) maakt met hoofdstuk 5 een nieuw begin. Toch sluit vers 1 van dit hoofdstuk op het voorgaande aan. Let op het woordje "dan" in vers 1. De Willibrordvertaling geeft de verbinding nog duidelijker aan: "Weest dus navolgers van God".

De zojuist genoemde vruchten van de Geest blijven het beeld bepalen als het gaat om de navolging van Christus. Wandelt in de liefde, schrijft Paulus. Maar dat kan ook een niet-gelovige zeggen.

Toch is er verschil. Van navolging is alleen sprake bij mensen die door God geliefd zijn (Ef. 5:1):
– als geliefde kinderen;
– zoals Christus u heeft liefgehad.

De apostel maakt duidelijk dat God uit deze wereld kinderen heeft aangenomen. En de prijs? Daarvan geldt: een hogere betaling is niet denkbaar. Het gaat om het offer van zijn eigen Zoon tot in de dood. Hij schenkt zichzelf weg. Wat een liefde.

Als we letten op wie wij van nature zijn, is dit een volstrekt onbegrijpelijke daad. Maar hoe kan Paulus dan toch schrijven dat we deze Christus zullen navolgen? Het staat er wel: "wandelt in de liefde, zoals ook Christus u heeft liefgehad" (zie ook Joh. 15:12). Met andere woorden: onze liefde blijkt van dezelfde aard te zijn als die van Christus. Dit komt omdat er wat met ons is gebeurd.

Paulus gaf eerder aan: de gelovige is met Christus mee opgewekt tot een nieuw leven (Ef. 2:5). Zo staat de nieuwe mens op tot het tonen van liefde zoals de Here die bedoelt. Hier ontdekken we het grote geheim van de navolging: de vlam van deze liefde is door Christus aangestoken. Wij ontvangen deze opstanding als een geschenk.

Vervolgens is het een opdracht voor ons om met dat geschenk te werken. Vandaar Paulus' oproep tot navolging. Van nature doen we zo gauw anders. Maar eenmaal in de greep van Gods vuurhaard van liefde smelten onze weerstanden weg. Navolging van Christus? Het kan!

6.7 Tegenkrachten (vers 3-5)

Gods liefdeskracht is hard nodig. Paulus wijst op de tegenkrachten die ons bedreigen:

a. ontucht en allerlei andere seksuele onreinheid; versekste omgangsvormen tussen mannen en vrouwen;
b. hebzucht;
c. schandelijke of dubbelzinnige taal.

Het zijn deze drie basiselementen die het leven spannend maken.

> Zonde is spannend. In alle tijden. Als deze elementen ontbreken, zal elke soapserie mislukken. Iemand gaf de volgende schets: waar praten veel mannen over aan de bar? Over vrouwen, geld en auto's. Hij kon het weten, want daaruit bestond zijn eigen leven.
> Hier raakt het Woord van God heel direct ons leven. Het is zo herkenbaar. De navolging van Christus blijkt heel praktisch en concreet te zijn. Maar of het ons altijd goed uitkomt? En toch: in de gemeente en ook in eigen leven zal dat andere leven, met Christus, zichtbaar behoren te zijn.

Weer plaatst Paulus het taalgebruik voor de aandacht. Aan losse taal en dubbelzinnige moppen zullen we geen ruimte bieden. Wie in deze zonden leeft, raakt zijn erfenis kwijt. Hij of zij kan de plek op de nieuwe aarde vergeten (zie Ef. 1:11 en 5:5). Dit is het ernstige gevolg voor wie de Geest blijft bedroeven (Ef. 4:30).

> Paulus maakt onderscheid tussen twee soorten moppen. Bij "zotte" of platte taal gaat het om platvloerse, obscene praat. Bij losse taal gaat het om de gewaagde intellectuele grap met een dubbele bodem. De man van 'stand' vond het eerste beneden zijn stand, maar aan het tweede beleefde hij veel plezier. Het is vandaag niet anders.

6.8 De wandel in het licht (vers 6-14)

De apostel Paulus zegt vervolgens dat wie beweert dat het allemaal zo'n vaart niet loopt, een leugenaar is. Naar we mogen aannemen, houdt hij ernstig rekening met het optreden van misleidende adviseurs. De apostel opende zojuist het zicht op een drietal werken van de

duisternis. Wij mogen leven in het heldere licht van de Here. Paulus noemt een drietal 'lichteffecten' dat van het leven van een gelovige mag afstralen:
– goedheid;
– rechtvaardigheid;
– waarheid (Ef. 5:9).

Let op de positieve invulling van het leven in het licht.

> Er is meer te doen dan alleen maar dingen nalaten. Wie zich concentreert op het voorkómen van zonde, blijft halverwege steken. Je leven verzandt in het schema: ik mag dit niet en ik mag dat niet. Maar let op die prachtige toevoeging: probeer te ontdekken wat God fijn vindt (Ef. 5:10).

Paulus beklemtoont: de werken van de duisternis mogen niet door de kinderen van het licht gedaan worden. Het kan het daglicht niet verdragen. Wie er de lamp van Gods Woord over laat schijnen, ontdekt wat verkeerd is. De ontmaskering zal zowel binnen als buiten de gemeente plaatshebben.

> We zullen het goede van Gods geboden niet tot de kerk beperken. Ook het politieke en maatschappelijke leven kan er niet zonder. Het is belangrijk dat het kwaad in z'n ware gedaante aan het licht wordt gebracht.

Let op de herhaling in het spreken van Paulus over de absolute scheiding: zoals het vroeger was, kan het echt niet meer. Het is of... of (Ef. 5:8). Of duisternis, of licht. Wie leeft in de duisternis, is losgeraakt van God. En daarmee: geestelijke dood.
Paulus roept 'slapers' op om uit deze dood op te staan (vers 14) en in de lichtkring van Christus te komen.

> Het sluit aan bij wat wel als een kernwoord in deze brief mag worden gezien: God heeft ons, hoewel wij dood waren door de overtredingen, mee levend gemaakt met Christus (zie Ef. 2:5). In de belijdenis over het opstaan uit de dood (Ef. 6:14) lijken een tweetal teksten uit het Oude Testament verwerkt (Jes. 26:19; 60:1). Het gaat hierbij om de geestelijke doodsslaap: je mist de band met God.

6.9 Waar zijn we vol van? (vers 15-20)

Als de duisternis van de zonde een samenleving beheerst, moet je extra op je hoede zijn. Gemeente van Efeze, kijk uit! Er lijkt sprake van achteruitgang in het geloof. We menen dit te bespeuren in de woorden: "Weest daarom niet onverstandig". Wat ze moeten doen? De apostel geeft aan: creëer goede gelegenheden om na te gaan wat God wil. Neem er de tijd voor!

Paulus laat merken dat hij midden in het leven staat. Hij schetst met twee rake beelden het verschil in beleving tussen leven in het licht en leven in het donker. In beide gevallen gaat het om 'ergens vol van zijn'. Wie zijn leven bedwelmt met de grappen en liedjes aan de tafel waar de drank rijkelijk vloeit, staat in het donker. Het leven van wie met Christus rekening houdt, ziet er heel anders uit. Tegenover het bandeloze plezier staat het lied dat door de Heilige Geest ons op de lippen wordt gelegd; het wordt in de onderlinge samenkomsten geleerd en beleefd. Ook het lied neemt een belangrijke plaats in bij de opbouw van de gemeente. Wanneer je zingt, wint je geloof aan diepgang. De apostel schrijft: "Zing en speel met heel uw hart voor de Heer" (Groot Nieuws Bijbel). Uit Paulus' brief aan de gemeente van Kolosse wordt duidelijk dat het lied ook bijdraagt aan de eenheid van de gemeente en het blijven bij de waarheid (Kol. 3:16).

Er worden drie soorten liederen genoemd. Te beginnen met de psalm. Te denken is niet alleen aan de bekende psalmen uit het Oude Testament, maar vooral ook aan nieuw gemaakte liederen over Christus. We hoeven bij de twee andere benamingen niet aan heel andere liederen te denken. Volgens sommige uitleggers wordt met het noemen van de drie verschillende namen de uitgebreidheid van de liederenschat aangegeven. De typering geestelijk lied maakt duidelijk dat het gaat om door de Geest gewerkte liederen. Zij komen uit het Woord van God (zie Kol. 3:16).

Zonder overdrijving mogen we zeggen dat de eenheid van de kerk mee bewaard is gebleven door het christelijke lied. Als de leer van de kerk geweld wordt aangedaan, is er voor veel liederen geen plaats meer. Denk aan de bestrijding van de leer dat Jezus Christus zich overgegeven heeft in de dood om voor onze zonden te betalen.

6.10 Dank (vers 20, 21)

De navolging van Christus mondt bij Paulus uit in dank aan God. Immers, de liefde en de kracht van Christus zijn altijd in een kind van God actief. Dit zal ook de reden zijn dat Paulus nooit de moed opgeeft. Het is niet zo florissant in de gemeente van Efeze. De onderlinge liefde staat onder druk. Maar dit tekort doet niets af van de werking van Gods kracht. Gebrek aan liefde is hún schuld, niet die van de Here. Vandaar de oproep (vers 21): "Weest elkaar onderdanig". (Dit sluit aan bij de eerdere oproep tot onderlinge vrede: Ef. 4:2, 3.)

De roep om onderdanigheid is een heel bijzondere. Want hoe kun je aan elkaar onderdanig zijn? Bij onderdanigheid is toch sprake van ondergeschiktheid? Dit is nu het wonderlijke geheim van de christelijke navolging. Onderdanigheid wordt wederzijds beleefd. Het ene gemeentelid heerst niet over het andere. Hij of zij wil zich dienend aan de ander geven.

6.11 Betekenis voor vandaag

a. Herkenbaarheid
Er wordt wel eens gezegd: "Paulus leefde in een heel andere tijd dan wij". Maar bewijzen de dingen die Paulus noemt, niet het tegendeel? Als we letten op het drankgebruik. Op uitdagende dansvormen. Op de zonden van de tong. De vele moppen die worden getapt, met seksueel geladen dubbelzinnigheden. De tong is als een vuur.
Ook wij voelen aan den lijve hoe vatbaar wij voor de werken van de duisternis zijn. Geruzie en uitingen van liefdeloosheid in de gemeente zijn ons niet vreemd. Wij hebben soms de neiging om de kerk maar af te schrijven. Paulus doet het niet. Hij is op een overweldigende manier onder de indruk geraakt van Christus' macht.
Door Hem mogen en kunnen we wandelen als kinderen van het licht. Toch kunnen we Christus navolgen in liefde. Deze liefde is meer dan een gevoel. Het komt ook tot daden. Echte liefde is erop uit om naar de geboden van God te leven. Als het over de wandel met Christus gaat, roept Paulus op om goede momenten te zoeken waarin we nagaan wat de wil van de Here is.

b. Bent u postmodern?
Een nieuw woord raakt bekend: postmodern. Voor de postmoderne mens hebben de oude grote systemen en leringen afgedaan. Naast bijvoorbeeld het allesomvattende systeem van de communistische leer wordt ook het allesomvattende christelijke geloof als niet meer van deze tijd beschouwd.
En we merken het. We zullen ons er niet door van de wijs laten brengen. Het dringt ons naar dat unieke allesomvattende woord: u geheel anders, u hebt Christus leren kennen. Het christelijk geloof laat zich niet opsluiten in een vakje van zondagse religie, het doet een greep naar het hele leven. Ook al kost ons dit het verwijt van intolerantie.

c. Moeten we altijd vergeven?

De oproep om elkaar te vergeven is een diep insnijdend gebod. Wie kan zich eraan onttrekken? Geldt niet het gebod van 70 maal 7 maal vergeven? Niet om bij te houden. Dat is ook de bedoeling van Jezus. Het tellen tot een maximum wordt ons belet. Toch vraagt de hantering van dit gebod nauwkeurigheid. Het kan in bepaalde situaties ook te gemakkelijk worden gevraagd.

Ik denk aan de situatie dat een meisje jarenlang door een familielid is misbruikt. De incestdader komt soms snel na erkenning van schuld tot de eis: maar nu moet je mij ook kunnen vergeven. Het moeten-vergeven is in deze situatie een onmogelijke eis. Er is geen echte schulderkenning en er ontbreekt elk inzicht in de aangerichte schade.

Het 'gij geheel anders' brengt mensen tot uitspraken als: "Het klinkt heel mooi, maar wie kan dit in praktijk brengen? We doen toch altijd weer verkeerd". Het is een moe makende opmerking. Dat we verkeerd doen, ontkent Paulus niet. Zie maar naar de gemeente van Efeze, waarin gemeenteleden slecht met elkaar omgaan (Ef. 4:2). Toch legt Paulus het hoofd niet in de schoot. Verkeerde praktijken in de kerk vragen om krachtige bestrijding. Maar deze moeten onze aandacht niet afleiden van wie Christus voor ons is. Een kerk heeft altijd reden om de Here te danken (Ef. 5:20).

6.12 Tips voor inleiding en voorstudie

1. Je kunt de behandeling van Efeze 4 en 5 opzetten aan de hand van de tien geboden (zie Ex. 20). Ga eerst na welke geboden er vooral uitspringen. Je kunt bij deze geboden gebruikmaken van de verklaring van de Catechismus (zondag 34-44). Je kunt er ook bij betrekken: Jakobus 3:1-12; Openbaring 22:14-15.
2. Betrek bij Efeze 4 vers 32 de gelijkenis van de schuldenaars (Mat. 18:21-35).
3. Ga na welke verheldering over het nieuwe leven u vindt in Kolossenzen 3:5-16; Openbaring 22:10 -15. Zie ook Heidelbergse Catechismus zondag 32 en 33. Bedenk dat het hier gaat om een kern van de bijbelse boodschap: God heeft de mens geschapen naar zijn beeld (Gen. 1:26). Aan dat doel houdt Hij, ondanks de zonde, vast (Kol. 3:10). Typerend voor het 'beeld van God zijn' is: Christus navolgen in liefde.
4. Werk uit hoe wij ons het beste kunnen wapenen, als het gaat om:

– het op de hoogte raken met wat er in deze wereld leeft;
– het onderkennen wat de wil van de Here is (Ef. 5:10, 17).
5. Werk uit wat dit gedeelte over navolging te zeggen heeft over onze manier van ontspanning binnenshuis en buitenshuis.

6.13 Handreiking voor de bespreking

1. Op welke concrete manier kunnen we uiting geven aan ons leven in het licht vanuit de beschrijving in Efeze 5:9?
2. Onderlinge tucht is belangrijk. Toch durven kerkleden elkaar soms nauwelijks aan te spreken op een verkeerde levenshouding. Waardoor komt dat? Hoe kunnen we daarin verandering brengen?
3. Waaraan merkt u bij uzelf dat u met Christus bent opgestaan? En als u twijfelt, kunt u die twijfel ook onder woorden brengen?
4. Voor welke uitingen van onreinheid, hebzucht en slecht taalgebruik zijn wij vandaag vooral vatbaar?
5. Welke waarde heeft het als ongelovigen veel naastenliefde tonen en geen losbandig leven leiden?
6. "U geheel anders" (Ef. 4:20) betekent niet: u geheel beter. Wat betekent het wel? Hoe laten we dat uitkomen in contacten met ongelovigen?
7. Kunt u wederzijdse onderdanigheid in de gemeente met voorbeelden concreet maken?
8. Mag iemand die honger heeft, een brood stelen? (Volgens een Nederlandse bisschop mocht dat.)

6.14 Literatuur

J.J. Arnold, *Als de kerk kerk is*, Goes 1985 (over onderlinge tucht, pag. 44-58).
Bijbelse Encyclopedie, Kampen 1975 (zie onder het trefwoord 'Efeze').
Calvijn, *Zendbrieven*, vierde deel, Goudriaan 1972 (Efeziërs, pag. 66-84).
Christelijke Encyclopedie (eerste reeks), deel 4 (zie onder: Efeziërs; bekering).
Christelijke Encyclopedie (tweede reeks), deel 5 (zie onder: Efeziërs; bekering).
J. Douma, *Christelijke levensstijl*, Kampen 1992 (christelijke levensstijl en onze ontspanning, pag. 128-183).
D. Ellen, *Waarom? – leef je als kind van God – Daarom!*, Barneveld

1995.
L. Floor, *Efeziërs*, Kampen 1995.
S. Greijdanus, *Korte Verklaring op Efeziërs*, Kampen 1962.
F.F. Venema, *Wat is een christen nodig te geloven?*, Barneveld 1985 (hfdst. 35, over de bekering).
Wegwijs, uitgave van de Bond van Verenigingen van Gereformeerde Vrouwen en de Bond van Gereformeerde Bijbelstudieverenigingen, jaargang 51, 1997 (nr. 1, over levensheiliging).

7   Het huwelijk

Efeze 5:22-33

7.1   Inleiding

"Vrouwen, weest aan uw man onderdanig." Wat maakt dit bekende zinnetje aan gedachten bij u los? Welke gevoelens roept het op? Denkt u meteen: akkoord, geen enkel probleem. Of dringen vragen naar boven of, sterker nog, borrelt er ergernis bij u op?

Dit woord van Paulus wordt gevolgd door de opmerking dat de man hoofd is van zijn vrouw. Daarmee lijken de posities vastgelegd: de man staat boven de vrouw en heeft gezag over haar.

De zaak is belangrijk. Om maar iets te noemen: huwelijken kunnen in de kerk bevestigd worden met een formulier waarin deze passage over de onderdanigheid staat opgenomen. Daaruit wordt de conclusie getrokken dat de man gezag over de vrouw heeft.

De zaak is ook om een andere reden belangrijk. Hoe gemakkelijk gebeurt het niet dat bekende zinnetjes een eigen leven gaan leiden. En dat we de rest van het verhaal vergeten. Dat we bijvoorbeeld vergeten wat in ditzelfde gedeelte van de man gevraagd wordt. Worden van hem niet nog ingrijpender dingen gevraagd dan van de vrouw?

7.2   Algemene opmerkingen

Door de zonde van onze oudste voorouders Adam en Eva ging de schepping van God kapot, de wereld waarvan de Schepper liet weten dat alles zeer goed was (Gen. 1:31). Die situatie is radicaal veranderd. Mens en dier, planten en planeten, alles lijdt onder de gevolgen van de zonde. Ook de mooiste relatie die God instelde: het huwelijk. Toen God het eerste mensenpaar op hun overtreding aansprak, gaf de man aan God en zijn vrouw de schuld (Gen. 3:12).

De Maker van de wereld kan alleen voor herstel zorgen. De Here gaat alles weer onbeschrijflijk mooi maken. Paulus omschrijft dit werk als: Hij zal alles tot volheid brengen (hfdst. 4:10). Er komt herstel. Alleen niet van het huwelijk. Dat keert niet terug. Het komende paradijs van de volmaaktheid wordt dus geen kopie van het paradijs dat verloren ging.

God schafte na de zonde van Adam en Eva het huwelijk niet af. Hij hield die mooie relatie in stand. In het huwelijk hebben we nog een geschenk uit het paradijs. Maar om in een zondige wereld met zo'n geschenk goed om te gaan, is een moeilijke opdracht. Vandaar dit onderwijs. En dat van iemand die naar alle waarschijnlijkheid nooit zelf gehuwd is geweest.

Wat is de plaats van het huwelijk in de brief aan Efeze? Het boek valt in twee hoofddelen uiteen.
Het eerste deel biedt een brede uitleg over de verhouding van de gelovigen tot God (Ef. 1-3).
Het tweede deel van het boek Efeze behandelt de praktische levensvragen.
De Here spreekt door zijn knecht Paulus over:
– levensstijl (Ef. 4-5) ;
– huwelijk (Ef. 5);
– gezins- en arbeidsverhoudingen (Ef. 6);
– de strijd tegen boze machten (Ef. 6).

De levenspraktijk van de maatschappij in Paulus' dagen staat haaks op de normen van God. Alles lijkt te moeten kunnen. Ook relaties lijden onder de omkering van de geboden van de Here. Kinderen staan tegen hun ouders op. Ze weigeren gehoorzaamheid. Slaven luisteren niet naar hun heren. Mannen zorgen niet goed voor hun vrouwen. Vrouwen willen over hun mannen de baas spelen. We zijn in hoofdstuk 5 toegekomen aan het doel en de betekenis van het huwelijk. Paulus ordent dit samenleven naar de regel van God. Deze dateert van het begin van de wereld.

7.3 Onderdanigheid van de vrouw (vers 22-24)

We pakken het voor velen (ook voor ons?) lastige woord onderdanigheid op. Wie moet onderdanig zijn? Het ligt voor de hand om dan aan de vrouw te denken. Het staat in de tekst: "Vrouwen, weest aan uw man onderdanig".

> Meer letterlijk vertaald schrijft Paulus: "Vrouwen, weest aan de eigen man onderdanig". Dit laat nog sterker uitkomen dat het gaat om die ene man, de man van je huwelijk, en niemand anders.

Het woord onderdanigheid heeft in onze oren geen beste klank. Al gauw valt het woord discriminatie. Man en vrouw zijn toch gelijk? Juist bij een gevoelig onderwerp worden we aangespoord tot nauwkeurig lezen.

Drie belangrijke dingen vallen op:

a. Paulus vlecht door zijn schrijven over het huwelijk van man en vrouw een ander huwelijk heen (vers 23). Het is het grote 'huwelijk' dat er is tussen de Here Jezus en zijn gemeente.

> De Here Jezus is het hoofd van de gemeente. Hij houdt haar in stand. Letterlijk vertaald staat er dat Hij haar "redder" is. Dit laatste maakt duidelijk dat er een oneindig groot verschil is tussen het 'grote' huwelijk (tussen de Here en de gemeente) en het 'kleine' huwelijk (tussen man en vrouw). De man is immers niet in het bezit van reddende krachten.

De gemeente is aan haar Heer, als haar hoofd, onderdanig. Dit is niet iets akeligs, maar geeft juist een veilig gevoel. Je mag ervaren dat je bij de Here Jezus tot je recht komt. Op deze wijze worden 'het onderdanig-zijn' en 'het hoofd-zijn' uit de negatieve sfeer gehaald.

b. Het spreken over onderdanigheid komt niet uit de lucht vallen. Het woord onderdanigheid staat al in vers 21. Paulus geeft aan: binnen de gemeente zullen de leden aan elkaar onderdanig zijn. Dat betekent: er is er geen sprake van gezag van de één over de ander. Het doet dan ook vreemd aan om meteen daarop de vrouw wel onder het gezag van haar man te plaatsen. Als zou dat bij haar onderdanigheid horen. Het "weest elkaar onderdanig" in de gemeente (vers 21) zullen we bij het huwelijk (vers 22) niet loslaten.

c. Het derde dat meehelpt om het onderdanige uit de negatieve sfeer te halen, is: het gaat bij de vrouw om een houding die gericht is op het dienen van de Here. Zo gaat zij zich schikken naar haar man: als naar de Here. Het "in alles" wekt de indruk dat Paulus hier een gevoelig punt raakt. Je proeft er iets in van: het onderdanig zijn is er wel, maar...

Onze conclusie kan zijn: we kunnen het woord onderdanigheid van zijn negatieve lading ontdoen en het positief invullen...

7.4 De man als hoofd (vers 23-29)

Paulus noemt de man het hoofd van de vrouw. Onze gedachten gaan al gauw in de richting van een directeur die leiding geeft en gezag heeft. Maar dat bedoelt Paulus niet. Hij praat niet over gezag, maar over een hoofd dat zich helemaal aan zijn vrouw geeft, uit liefde. En hoe?! De man wordt in de voetsporen van Christus gezet, die Zich voor zijn bruid opofferde. De Here ging voor zijn bruid door het vuur. Hij had zijn leven voor haar over.
Liefde door opoffering, zorg en aandacht. Zo wordt hier de man als 'hoofd' getekend.

7.4.1 Zijn leiding (vers 25-28)
De apostel laat iets zien van de werkwijze van het hoofd Christus. Hij wil de gemeente als zijn bruid stralend voor Zich plaatsen, bevrijd van het vuil van de zonde. Dat deed Hij door:
a. het offer van zijn leven aan het kruis;
b. het reinigen van zijn bruid door het waterbad van het Woord.

> De Here God is een sprekende God die ons vertelt wie Hij voor ons wil zijn en wat Hij van ons verwacht. Paulus verbindt dit Woord van God aan "waterbad". We mogen hierbij aan het sacrament van de doop denken. De doop was voor de gemeenteleden in Efeze het grote (zichtbare) moment van hun breuk met het verleden.
> Dit waterbad demonstreert wat de Here toezegt: reiniging van de zonden door het bloed van Christus. Toch ligt hier het accent niet allereerst op het water, maar op het Woord dat God door zijn apostelen en profeten heeft gesproken. Er vindt doorgaande reiniging plaats, als je aan de Here gehoorzaam bent. Daarmee ga je de strijd tegen de zonde aan, om die uit je leven weg te houden. Het Woord reinigt.
> Jezus Christus wil zijn gemeente voor Zich zien als een bruid die Hem kent en die naar zijn wil leeft.

En als we nu letten op de leiding van de man. Zou deze niet hierin uitkomen, dat hij erop bedacht is om zijn vrouw voor te gaan in een leven naar het Woord van God, niet betuttelend, maar helpend? Om zo samen met zijn vrouw heilig te leven, naar de wil van God?

Let op de verbinding tussen Christus en de man door het woordje "zo" in vers 28.

Een man die op deze wijze zijn vrouw voorgaat, ontkomt aan de vloek die vlak na de zondeval werd uitgesproken. We lezen in Genesis 3 vers 16 dat de man over de vrouw zal heersen. Luisterend naar de Here, kan de man geen heerser zijn, wel 'hoofd' die dienend zijn vrouw voorgaat.

Wat sterk opvalt, is dat Paulus in dit gedeelte veel meer zegt over het optreden van de man dan van de vrouw. Een christen-echtgenoot is opofferingsgezind, die zet alles op alles, zodat zijn vrouw het goed heeft (zie ook 1 Petr. 3:7).

7.4.2 Zijn zorg (vers 29)

Van de man wordt gezegd dat hij zijn vrouw zal liefhebben, voeden (ervoor zorgen dat zijn vrouw in haar levensbestaan niets tekortkomt). En hij zal liefderijke zorg (= koesteren) aan haar besteden. Dit is iets anders dan dat mannen het hoofd vol hebben van carrièreplanning of hobby's.

7.5 Het huwelijk alléén (vers 31-32)

Paulus grijpt als ondersteuning van zijn verhaal terug naar het begin van de wereld. God gaf na de schepping meteen vorm aan een vaste verbintenis tussen man en vrouw die wij kennen als het huwelijk. Daarmee is deze instelling niet tijdgebonden.

Geen enkele vorm van samenwonen kan ervoor in de plaats worden gezet. Het is bekend dat het ongehuwd samenwonen ook in Paulus' tijd een veel voorkomend verschijnsel was. Het werd als heel 'normaal' beschouwd. Het huwelijk alléén (en niet anders) plaatst de gemeente-leden in Efeze in het isolement.

De apostel grijpt terug naar woorden uit het paradijs (Gen. 2:24). De man verlaat de thuisbasis van vader en moeder. Hij zal zijn vrouw aanhangen. Dit 'aanhangen' betreft niet de seksuele relatie tussen man en vrouw. Het woord 'aanhangen' betekent dat de man aan zijn vrouw trouw blijft. In het Oude Testament wordt het woord 'aanhangen' het vaakst gebruikt als aanduiding van het trouw blijven aan God.
Dan volgt het derde: zij zullen tot één vlees zijn. We mogen hierbij denken aan geslachtelijke gemeenschap binnen het huwelijk. Juist in de geborgenheid van het huwelijk weten man en vrouw zich met deze gave op hun plaats. Alleen binnen het huwelijk is er de bevoegdheid om over elkaars lichaam te beschik-ken (1 Kor. 7:3, 4, 9). Om deze gave voor het huwelijk te bewaren, kost strijd. Om niet te vroeg te willen zijn. Het gevecht is zonder Gods hulp vandaag nauwelijks te voeren. Maar zouden scheppingsordeningen uit de tijd raken?

Tegelijk moet worden gezegd: het één vlees zijn omvat meer dan alleen het seksuele. Het gaat om de alles omvattende verbondenheid van twee personen, die samen optrekken. Die hun leven met elkaar delen en samen één lijn trekken. Het herinnert ook aan Adams jubellied, toen hij Eva zag en zong: dit is nu vlees van mijn vlees.

7.6 Het huwelijk: een geheim (vers 32, 33)

Wie heeft niet de neiging om Paulus een moment in de rede te vallen. Hij zegt het allemaal wel heel mooi, maar is de praktijk niet totaal anders? Er zijn tal van situaties die hier ver van afstaan: stukgelopen relaties, ook in de kerk. Is het huwelijk in bijbelse vorm vandaag nog haalbaar? Zou Paulus van die moeiten niet weten? Of zou hij juist daarom van die hechte eenheid in het christelijk huwelijk zeggen dat het een geheim is? En dat deze relatie juist zijn kracht meekrijgt vanuit het grote huwelijk? We lezen immers: "Dit geheimenis is groot, doch ik spreek met het oog op Christus en de gemeente".

Gehuwden die zich met hun 'kleine' huwelijk laten opnemen binnen dat 'grote' huwelijk, staan sterk. Als daarin de Here het voor het zeggen heeft.
Wie beide huwelijken vergelijkt, weet tegelijk dat het 'kleine' huwelijk geen altijddurend bestaan heeft (zie Mat. 22:30). Met andere woorden: het kleine huwelijk is niet het hoogste geluk. Het verdwijnt immers een keer. Dit heeft betekenis voor zowel gehuwden als ongehuwden. Het huwelijk is een goddelijke ordening, maar geen blijvende.

Had Paulus het eerder over het onderdanig-zijn aan de eigen man (vers 22), nu volgt een passage over het liefhebben van de eigen vrouw. Dit spreken staat dwars op de toen bestaande Griekse cultuur, waarin het hebben van meerdere vrouwen gewoon werd gevonden.

Het gold in de Griekse wereld niet als abnormaal dat een welgestelde man nauw contact had met drie soorten vrouwen: een voor het liefdesspel (een hoer), een voor de lichamelijke verzorging (een masseuse) en een voor het krijgen van kinderen (de officiële echtgenote). Een vrouw die in korte tijd verschillende keren trouwde, oogstte bewondering. Het aantal echtscheidingen nam sterk toe. In die situatie kwam het vrije huwelijk op: een vorm van samenwonen waarbij je makkelijk weer uit elkaar kon gaan.

De apostel vat samen:
– man, heb je eigen vrouw lief als jezelf;
– vrouw, heb voor je man ontzag.

De vrouw zal aan haar man onderdanig zijn. Zo begon Paulus (Ef. 5:22, 23). Hij eindigt in dezelfde sfeer. Het schortte eraan. In een positieve houding zal zij haar man toegewijd zijn. Je zou denken: dit stuk gaat vooral over wat van de vrouw wordt verwacht. Het tegendeel blijkt waar!

De boodschap die de apostel Paulus de wereld indroeg, was volstrekt nieuw. Want voor de gemiddelde Griek gold in Paulus' tijd wat de filosoof Seneca eens zei: "De man is als heerser geboren en de vrouw geschapen om gehoorzaam te zijn".

7.7 Betekenis voor vandaag

a. Hoe vergelijk je?
We lezen: "Want de man is het hoofd van zijn vrouw, evenals Christus het hoofd is van zijn gemeente (vers 23)". Maar kan dat wel: de man met Christus vergelijken? Is dat niet gewaagd? Christus is toch volmaakt, maar de man niet. Als vrouw heb je niet een man die altijd het beste met je voor heeft. Bij elke vergelijking in de Bijbel komt steeds de vraag op je af: waar draait het om in de vergelijking? Je kunt niet alles letterlijk overbrengen. Dat maakt deze vergelijking wel heel duidelijk.

b. Norm en praktijk
We vinden dit gedeelte vaak moeilijk door het verschil tussen norm en praktijk. Er is veel huwelijksnood. Ook onder christenen. Vaak komt hulpverlening veel te laat. Dan helpt het niet meer als je over het mooie van het huwelijk gaat praten, zoals de apostel Paulus dat hier doet. Dit bijbelgedeelte vraagt dat gehuwden steeds zelf energie steken in het bouwen aan hun huwelijk.
De opdracht om als gehuwden de stijl van de Here aan te houden, is een blijvende. Het houdt een huwelijk gezond. Dat is niet het geval als een man zich steeds beroept op het 'hoofd-zijn'. Ook niet als een vrouw zich met wegcijfering van zichzelf fixeert op 'onderdanigheid'. Als je ook in het huwelijk aan elkaar onderdanig wilt zijn (in Christus), heb je een open oor en oog voor elkaar.

c. Het grote huwelijk blijft
De Here zorgt voor zijn bruid: de kerk. Dit is het 'grote' huwelijk. Mensen mogen een relatie met Hem hebben. Daarbij schakelt de Here ook het huwelijk in. Gehuwden leven niet allereerst voor elkaar, maar

samen voor de Here. Deze relatie is tegelijk niet het summum van geluk. Het is een afschaduwing van het 'grote' huwelijk, dat wel blijvend is. Het komt er vandaag dus ook niet op aan of je al dan niet getrouwd bent. Ieder telt voor God gelijkwaardig mee. In de kerk mag ook iedere alleenstaande zich op zijn of haar plaats weten: geliefd, erkend en gesteund door God en de gemeente. Hij of zij zal een volwaardige plaats ontvangen in het huwelijk dat eeuwig blijft.

d. Ouderwets?
De bijbelse boodschap over het huwelijk lijkt ouderwets, gezien de huwelijksmoraal van vandaag. De afbraak van de door God gegeven orde leidt tot steeds verder gaande vrije vormen van omgang met elkaar. Christenen raken met deze opvatting over het huwelijk steeds sterker in het isolement. De sociologe Iteke Weeda voorspelde al weer enige jaren terug dat we de fase binnengaan van de 'vriendenisering': in plaats van één vaste partner beschikt iemand over enkele vaste partners.

e. De ongelijkheid
Man en vrouw hebben een heel eigen, elkaar aanvullende, plaats. Adam in het paradijs liep, naar God zag, vast op het alleen-zijn. De Here sprak toen voor het eerst uit dat iets niet goed was (Gen. 2:18).
God schiep man en vrouw, letterlijk: mannelijk en vrouwelijk (Gen. 1:27). De vrouw is naar haar wezen anders dan de man. Het miskennen van dit verschil is vaak de bron van huwelijksproblemen. Inzicht in dit verschil is noodzakelijk. Het doet je het mooie in de ander ontdekken.

7.8 Tips voor inleiding en voorstudie

1. Je kunt als aanpak kiezen: wat wil God met het huwelijk? Gods bedoeling ligt vast in de kerntekst uit Genesis 2:18-24. Op belangrijke momenten (duizenden jaren later!) wordt hiernaar terugverwezen (Mat. 19:5; Ef. 5: 31). Het is dus niet zo dat we kunnen zeggen: Gods huwelijksordening van de begintijd raakt zo langzamerhand verouderd. Genesis 2 biedt ons een voor alle tijden geldende vaste ordening, als een gegeven dat bij de schepping hoort. De Here Jezus citeert (Mat. 19:5) de scheppingsordening van het huwelijk in verband met de mogelijkheid en de onmogelijkheid tot echtscheiding. Christus herstelt de oorspronkelijke bedoeling van God.
2. Paulus stelt niet dat de man gezag over de vrouw heeft. Wel is er sprake van een bepaalde volgorde en verschil in taak en verant-

woordelijkheid. De man is in het huwelijk het hoofd. Daarmee staat hij niet boven de vrouw (zie Gal. 3:28). Paulus leidt het onderscheid terug naar de schepping: de man is eerst geschapen, daarna de vrouw, de eerste vrouw is uit de man (zie 1 Kor. 11:8, 9; 1 Tim. 2:13). Let erop dat Paulus in zijn brief aan Korinte eerst zegt: de vrouw is geschapen om de man, maar eraan toevoegt: "En toch, in de Here, is evenmin de vrouw zonder man iets, als de man zonder vrouw" (1 Kor. 11:8-12).

3. Geef aan op welke manier het 'grote' huwelijk tot steun is voor het 'kleine' huwelijk.

4. Laat zien hoe het kerkelijk huwelijksformulier aan dit bijbelgedeelte uit Efeze een plaats geeft. Vergelijk op dit punt een 'oud' formulier met een 'nieuw'.

5. Paulus zet, uitgaande van dit schriftgedeelte, niet zomaar bepaalde accenten. Geef concreet aan:
   a. wat mag de vrouw van de man verwachten?
   b. wat mag de man van de vrouw verwachten?

6. Wie iets zegt over de positie van de vrouw in het huwelijk, zal heel de Schrift in rekening moeten brengen. Wat leren we over de positie van de vrouw uit bijbelgedeelten als Spreuken 31:10-31 en uit 1 Timoteüs 2:9-15? Betrek hierbij ook de tekst uit Genesis 2:18, als de Here zegt: Ik zal voor de man een hulp maken die bij hem past (letterlijk: een hulp tegenover hem).

7.9   Handreiking voor de bespreking

1. Hoe beoordeelt u de volgende gedachten uit de *Korte Verklaring* (pag. 122): Liefde is aan een vrouw eigen. Daarvoor hoeft ze niet vermaand te worden. Maar aan onderdanigheid stoot zij zich gemakkelijk. Dat kwam reeds uit in het paradijs (Gen. 3:1-6; 1 Tim. 2:14). De man laat spoediger zijn liefde varen. Het liefhebben kost hem soms meer moeite dan het lief krijgen. Dat blijkt al bij bij Adam (Gen. 3:12).

2. Wanneer kunnen we in gesprekken over huwelijksmoeilijkheden van dit bijbelgedeelte wel en wanneer (nog) geen gebruik maken?

3. Gods bekendste voorlichter in huwelijkszaken is iemand die naar alle waarschijnlijkheid nooit getrouwd is geweest: Paulus. Ongehuwden hebben evenveel recht en mogelijkheid om over huwelijkszaken te praten. Toch voelen ze zich vaak geremd. Hoe kunnen gehuwden helpen dat de ongehuwden deze terughoudendheid overwinnen?

4. In bepaalde kerkelijke huwelijksformulieren staat dat de man gezag heeft over de vrouw. Dit op grond van Efeze 5. In nieuwere formulieren is dit gezagselement geschrapt. Hoe moet je met deze en ook andere wijzigingen omgaan? Is dit de invloed van de tijdgeest?
5. Hoe laat dit bijbelgedeelte zien dat er in het huwelijk voor het recht van de sterkste geen plaats is?
6. Wat vindt u het belang van een kerkelijke huwelijksbevestiging?
7. Wat is nodig voor man en vrouw om te groeien in hun huwelijk?
8. Wat is volgens u een goed huwelijk?
9. Hoe kunnen jongelui in verkeringstijd het beste hun relatie opbouwen?

7.10 Literatuur

J.J. Arnold, *Als de kerk kerk is*, Goes 1985 (over alleenstaanden in de kerk, pag. 29-34).
Bijbelse Encyclopedie, Kampen 1975 (zie onder het trefwoord 'Efeze').
Calvijn, *Zendbrieven*, vierde deel, Goudriaan 1972 (Efeziërs, pag. 83-90).
Christelijke Encyclopedie (eerste reeks), deel 2 (zie onder: huwelijk).
Christelijke Encyclopedie (tweede reeks), deel 3 (zie onder: huwelijk).
H.P. Dam e.a., *Huwen en houden* (GSEV-reeks), Barneveld 1996.
J. Douma, *Sexualiteit en huwelijk*, Kampen 1993; (over het hechte verband van de huwelijksrelatie: pag. 113-119).
L. Floor, *Efeziërs*, Kampen 1995.
S. Greijdanus, *Korte Verklaring op Efeziërs*, Kampen 1962.
G. Hauer, *Verlangen naar tederheid*, Kampen 1992 (Aanwijzingen voor een goede opbouw van een liefdesrelatie).
Arnold Mol, *Samen winnen in je huwelijk*, Amsterdam 1988.
W.H. Velema, *Bouwen aan je huwelijk*, 's-Gravenhage 1989.
Wegwijs, uitgave van de Bond van Verenigingen van Gereformeerde Vrouwen en de Bond van Gereformeerde Bijbelstudieverenigingen, jaargang 27, 1993 (nr. 9, over huwelijksvoorbereiding); jaargang 51, 1997 (nr. 3, over huwelijk, onderdanigheid en huwelijksformulier); jaargang 51, 1997 (nr. 12, over de liefde naar de beschrijving van Hooglied).

8 Eén is uw meester

Efeze 6:1-9

8.1 Inleiding

Wat voor jeugd hebt u gehad? Ik hoop dat u kunt zeggen: het was fijn thuis. Velen zullen dit kunnen nazeggen. God maakt sterke krachten van liefde los in de relatie tussen ouders en kinderen. Kinderen die in een harmonieus gezin geborgenheid ontvingen, plukken er hun leven lang de vruchten van.

Natuurlijk is er overal wel wat. Ieder heeft haar of zijn verhaal. Er zijn er ook die heel anders terugkijken. Want er ging zoveel mis. Ontbreekt de bescherming, dan kan de kou blijvend zijn. Het aantal mensen dat professionele hulp zoekt, is groot.

Ook het omgekeerde geldt: ouders die door de houding van één of meer van hun kinderen in de problemen raken.

Niet alleen in de gezinnen zijn conflicten. Ook in de arbeidsverhoudingen. Hoe vaak hoor je niet dat de onderlinge relaties op het werk totaal zijn verstoord.

De apostel Paulus brengt ons bij een aantal gevoelig liggende momenten:
- kinderen van de kerk worden opgeroepen om hun ouders te gehoorzamen;
- de broeders van de kerk die slaaf zijn, zullen hun heren gehoorzamen.

Ouders en 'heren' zullen op hun beurt niet heersend optreden, maar dienend leiding geven.

Dit gedeelte is fijn voor wie een harmonieus gezinsleven kent of voor wie fluitend naar zijn werk gaat. Bij anderen kan dit gedeelte een heel gevoelige snaar raken, of zelfs pijn doen.

Er is in de brief aan Efeze veel dat voor ons herkenbaar is. Maar er is ook afstand. Nergens ervaren we die sterker dan in hoofdstuk 6, waar het gaat over de verhouding slaaf-heer. In onze westerse samenleving is voor deze arbeidsverhouding geen plaats meer. Dit doet de vraag opkomen: is dit stuk van Paulus voor vandaag nog wel te gebruiken? Met daarbij de gedachte: had Paulus de slavernij niet radicaal moeten afwijzen?

Wat ons vooral bezighoudt, is de vraag: wat moeten we ons precies bij dat gehoorzamen voorstellen? En: tot hoever reikt het gezag van ouders en directeuren? De vraag is actueel. Immers, gehoorzaamheid en gezag liggen niet goed in de markt.

8.2 Algemene opmerkingen

Paulus schrijft als apostel van Jezus Christus een brief aan de kerk van Christus te Efeze. Deze wordt in de gemeentelijke samenkomst voorgelezen.

De leden van deze gemeente ontvangen in het eerste gedeelte van de brief een uitvoerige schets over hun relatie tot God: wie is God voor hen en wie zijn zij voor Hem (Ef. 1-3). Daarna gaat hij in op hun taak in de kerk (Ef. 4:16). Als derde heeft de aandacht: de levensstijl (Ef. 4:17-5:21). Paulus gaat vervolgens in op een drietal relaties: vrouw-man, kinderen-ouders, slaven-heren (Ef. 5:22-6:9).

In ons hoofdstuk 6 zijn we toe aan de twee laatste relaties. Elke relatie wordt van twee kanten belicht.

In de positie van het kind en die van de slaaf zit een duidelijke overeenkomst. Van beiden wordt gezegd dat zij zullen gehoorzamen. Kinderen aan hun ouders. Slaven aan hun bazen. Van een dergelijke gezagsrelatie was bij het huwelijk geen sprake.

Iets anders is wel in alle drie relaties gelijk. Elke relatie wordt beslissend bepaald door de Here. Hij heeft het hoogste gezag. Telkens valt de naam Here. Daarmee wordt alle misverstand afgesneden. Elke gezagsdrager staat onder het gezag van Christus. De rode draad is dan ook: één is uw meester.

8.3 Gehoorzaamheid gevraagd (vers 1-3)

Het begin geldt speciaal de jongens en de meisjes. Paulus schrijft niet óver hen, maar spreekt hen rechtstreeks aan. Hij rekent op de oren van de kinderen van de gemeente. De apostel gaat ervan uit dat de kinderen in de kerk zitten, als zijn brief wordt voorgelezen.

Paulus zegt tegen hen wat de Here thuis van hen wil: aan hun ouders gehoorzaan zijn. De apostel loopt niet alle onderdelen in de relatie tussen ouders en kinderen langs. De beschrijving van wat kinderen moeten doen, is beperkt. Natuurlijk is er meer dan gehoorzamen.

Gehoorzaamheid is een essentieel onderdeel in de relatie. Of het Paulus alleen hierom is begonnen, is de vraag. Het is goed mogelijk dat Paulus dit ook noemt, omdat hij vernomen heeft dat het hieraan in de gemeente schort; dat de kinderen van de gemeente onvoldoende aan hun ouders gehoorzaam zijn. Als reden voor deze gedachte geldt wat in het volgende vers als spanningsveld bij de vader wordt genoemd: hij zal zijn kinderen niet verbitteren. Mogelijk bestaat er verband tussen die twee: dat verbittering geleid heeft tot ongehoorzaamheid en omgekeerd.

Gehoorzamen. Het klinkt zo onvrij. Maar juist als kind van God ben je niet aan het gezag van je ouders overgeleverd. De Here is de eerste die het over je te zeggen heeft.

Gehoorzaamheid is iets anders dan de opvoedingstrend die gebaseerd is op wederzijdse afspraken, die ouderen en jongeren beloven na te komen. Het gehoorzamen aan je ouders is naar het recht van God. De opdracht tot gehoorzaamheid treedt niet pas in werking bij gebleken goed ouderschap. Tegelijk is er geen sprake van gehoorzaamheid zonder meer. Het gaat om gepaste gehoorzaamheid. Kinderen zullen verder rekening houden met de zwakheden van hun ouders (zie vr./antw. 104 HC).

De apostel Paulus verbindt de verplichting tot gehoorzaamheid aan het vijfde gebod van Gods wet: eer uw vader en uw moeder.
Het 'eren' omvat meer dan gehoorzaamheid alleen. Tot dit eren behoort ook: je ouders in hun waarde laten en voor hen zorgen. Dit is een permanente opdracht. Dit geldt niet voor gehoorzamen. Deze houding bestrijkt alleen de tijd dat kinderen nog onder de hoede van hun ouders zijn.
Het eren van vader en moeder heeft God hoog op onze agenda gezet. Het grote belang ervan komt uit in de woorden: dit is een eerste gebod.

De vertaling van het NBG geeft: "Dit is immers het eerste gebod, met een belofte". Moderne bijbelvertalers zijn er steeds meer van overtuigd geraakt, dat het bij 'eerste' gaat om de 'belangrijkheid' van het gebod. Het gaat niet om 'tellen' (eerste, tweede enz.). Het gaat om 'wegen'. Het eren van de ouders is een zaak van de eerste orde. Met andere woorden: dit is een heel belangrijk gebod. Je zou kunnen zeggen: het is het basisgebod dat ook de andere situaties van gehoorzamen raakt. Bij de ouders moet je het 'eren' leren.

Aan het eren van vader en moeder verbindt de Here een dubbele belofte:
– het nageslacht zal een goed bestaan hebben;
– het nageslacht zal een lang bestaan hebben.

Laten we proberen ons de situatie van de afkondiging van de wet in de dagen van Mozes voor te stellen.

God had Israël weggehaald onder de dictatuur van Egypte. Hij bevrijdde zijn volk uit deze slavernij en leidde het door de woestijn naar het beloofde Kanaän. Als ze aangekomen zijn bij de grens van dit land, geeft de Here hun de hoofdlijnen van het nieuwe leven. Hij houdt hun voor de tweede maal de tien geboden voor (Deut. 5). (De eerste keer was dat bij de berg Horeb, zie Ex. 20.) De aanvullende belofte bij het vijfde gebod is voor het volk heel herkenbaar, nu het op het punt staat Kanaän binnen te gaan. Want het eren van vader en moeder wordt gevolgd door: opdat het u goed gaat in het land dat Ik u geven ga en dat u lang leeft. De Here laat merken: als het gehoorzamen aan de ouders wegvalt, gaat het straks in het beloofde land verkeerd. Het ontvangen van Gods zegen in het land staat op het spel als gehoorzaamheid verdwijnt. In Deuteronomium 6 (vers 2, 3) komen we dezelfde gedachte tegen: opdat u lang leeft; en opdat het u wel ga. Dit is afhankelijk van het houden van de geboden en inzettingen van de Here, door 'u en uw zoon en uw kleinzoon'. Het doorgeven van de geboden van de Here werkt zegenrijk.

Voor ons geldt als het beloofde land: de nieuwe aarde (zie ook Heb. 4:8, 9). Wie het nieuwe leven dáár wil binnengaan, kan de gehoorzaamheid híer aan zijn of haar ouders niet opgeven.

Voor één ding zullen we uitkijken: dat we het 'goed gaan' niet opbergen in de toekomst. Deze belofte geldt vandaag al. Kinderen die aan hun ouders gehoorzaam zijn, staan er goed voor. In de goddelijke verplichting tot gehoorzaamheid biedt de Here bescherming.

8.4 De rol van vader en moeder (vers 4)

Paulus tekent vervolgens de andere kant van de relatie: de ouders. Het valt op dat alleen de vader wordt aangesproken. Hij moet opvoeden naar de wil van de Here.

Je kunt de vraag stellen: waar blijft hier de moeder? Als we hier de moeder buiten beeld laten, doen we de Bijbel geen recht.

Als hier staat "vaders, voedt hen op", is moeder daarvan niet buitengesloten. Hiervoor zijn zeker twee argumenten aan te voeren:
a. nog maar pas is gezegd dat kinderen hun ouders (meervoud!) zullen gehoorzamen. Een moeder die gehoorzaamd moet worden, is ook opvoedend bezig;
b. de Bijbel geeft de moeder een duidelijke taak tot opvoeden. Het boek Spreuken zet vader en moeder voor de opvoeding naast elkaar (Spr. 1:8; 6:20).

Ook voor de moeder geldt dat zij haar kind door haar optreden niet zal verbitteren. Het is mogelijk dat de vader alleen genoemd wordt, omdat hij het 'hoofd' van zijn vrouw is (Ef. 5:23). Van hem wordt een bepaalde vorm van leiding verwacht. Toch ligt eerder een andere reden voor de hand. Paulus heeft gehoord dat het optreden van vaders nogal eens tot verbittering leidt.

De vaders moesten er wel even aan wennen dat leidinggeven aan de kinderen een dienende taak is en geen heersende. Vroeger, vóór hun bekering, was het heersend optreden normaal.

Als mogelijke redenen voor verbittering zou voor vandaag genoemd kunnen worden: een vader die overvraagt; een vader die geen ruimte laat voor de inbreng of mening van zijn kind; een vader die een kind met een overvloed aan argumenten klem zet. Dan zwijgt een kind en kan het niet meer eerlijk en open praten. Er ontstaat innerlijk verzet of moedeloosheid.

Ouders hebben geen gezag van zichzelf. Zij hebben dit ontvangen. Van de Here die alle macht bezit (zie Ef. 1:22). Paulus schrijft dat het bij opvoeding gaat om de tucht en de terechtwijzing van de Here. De opvoeding moet dus bij de Here passen.

We hoeven bij tucht niet direct aan straf of aan een pak slaag te denken. Aan het begin van het boek Spreuken staat: hoor de tucht van uw vader (Spr. 1:8). Gevolgd door: en vergeet de onderwijzing van uw moeder niet. Het gaat dus om horen. Het gaat om onderwijs vanuit de wet van God. En het gaat ook om terechtwijzing. Het accent ligt hierbij op vermaan. Dit betekent: een jongere, als dat nodig is, weer de juiste weg wijzen, zodat hij of zij weer te-recht komt.

Het Griekse opvoedingssysteem was helemaal op de mens betrokken. In de christelijke opvoedingssituatie wordt rekening gehouden met de Here. Het geldt voor kind en ouder. Dit heeft ook consequenties voor allerlei keuzen: schoolkeuze, beroepskeuze en keuze van een partner.

Het gaat om de tucht en de terechtwijzing van de Here. Want het zijn allereerst zijn kinderen. Ouders hebben hun kinderen ontvangen. De Here maakte deze kinderen (Ps. 139:13). Bij hun doop vragen we aan God: "Pleitend op uw grondeloze barmhartigheid, bidden wij U of U dit uw kind in genade wilt aanzien". Ook voor deze kinderen heeft Christus zijn leven willen geven (Mar. 10:14).

8.5 Ordening van de samenleving (vers 5-9)

Paulus behandelt in deze brief drie relaties: man-vrouw in het huwelijk; ouders-kinderen in het gezin; heren en knechten in de maatschappij. In deze volgorde lijkt een lijn te zitten. Stap voor stap ordent Paulus het leven.

Paulus begint bij het huwelijk, of nog preciezer gezegd: bij de gemeente. Nadat hij via een waarschuwing tegen drankmisbruik afscheid genomen heeft van het leven in de duisternis, toont hij het leven in het licht (Ef. 5:18-21). De apostel verplaatst ons naar een feestelijke en dankbare kring van gemeenteleden. Het belang van het kerkelijk samenleven waarin de Here lof wordt gebracht, schat Paulus hoog in. Het is ook een leerschool van liefde om elkaar te dienen en aan elkaar onderdanig te zijn. En van daaruit stapt hij over naar het huwelijk en vervolgens naar het gezin.

Het huwelijk vormt de basis van waaruit nieuw leven mag beginnen. Het nieuwe jonge leven mag zich vervolgens onder de beschermende zorg van ouders ontwikkelen. Daarop gaat het kind de maatschappij in. Het komt ruwweg in twee situaties terecht: in die van werknemer of in die van werkgever: je voert opdrachten uit of je geeft die. De leerschool begint thuis.

Als thuis ouders worden geëerd, dan zal het ook elders gebeuren. Als kinderen thuis met vader of moeder een loopje kunnen nemen, zal het ook gauw met de leraar voor de klas gebeuren, of met de ouderling. Als het in de gezinnen goed gaat, is dat goed voor heel de samenleving.
Israël kwam in Kanaän. Het ging verkeerd met de zonen van Eli de hogepriester. Hij sprak zijn jongens er wel op aan: dat is niet goed. Maar daar bleef het bij (1 Sam. 1:24). Hij deed verder niks. Hij weerstond hen niet in het kwade. Toen ging het mis met het volk. Dit gebod heeft een belofte erbij: het zal u goed gaan in het erfland Kanaän. Het ging dus niet goed. Eli was als vader te slap.

8.5.1 Slaaf-heer (vers 5-8)
Paulus maakt nu de overstap naar de relatie: slaaf-heer.

De vraag wordt nogal eens gesteld: hoe is het mogelijk dat Paulus niet tegen de slavernij ten strijde trekt? Hij zegt alleen: als je de mogelijkheid hebt om slaaf af te worden: doen! (Zie 1 Kor. 7:8.) Voor hem is de vrijheid in Christus het belangrijkste (1 Kor. 7:22).
Tegelijk is het goed om te bedenken dat de slavernij in Paulus' tijd een andere was dan die we kennen van de willoze negerslaven op de plantages in Amerika gedurende de achttiende en negentiende eeuw. Van een dergelijke onvrijheid was geen sprake. Vrijkoping uit opgespaard 'zakgeld' en vrijlating kwamen geregeld voor. Het lag er ook aan waar je slaaf was. Een slaaf in een mijn of in een steengroeve had het onmenselijk zwaar. Maar het leven van een timmerman-slaaf of van een leraar-slaaf verschilde weinig van dat van een vrije burger. De apostel Paulus heeft nog eens een goed woordje gedaan voor een weggelopen slaaf (zie Fil. vers 10-20).

Paulus riep de kinderen op tot gehoorzaamheid, als aan de Here! Dit laatste geldt ook voor de slaaf in zijn relatie tot zijn heer. Het is

97

goddelijke plicht. Maar tegelijk is het een plicht die hij niet al zuchtend moet nakomen. Het vraagt om de juiste innerlijke houding: de gods-vrucht, wat uitkomt in respect en liefde. En dan vooral: gemeend! Met een oprecht (= 'eenvoudig') hart. Niet door mensen naar de ogen te kijken. Dat getuigt van innerlijke zwakte. Een gezond innerlijk geeft een mens (onbedoeld) een krachtige uitstraling. Kijk alleen de Here naar de ogen (zie Spr. 29:25).

> Het gehoorzamen van een slaaf is niet over te brengen op de situatie van vandaag. We kennen heel andere arbeidsverhoudingen. In de relatie werknemer-werkgever is naast gezag ook sprake van medezeggenschap. Dit laatste is een wettelijk grondrecht. Naar vandaag toe is 'gehoorzamen' over te zetten als: zich schikken naar de leiding van mensen die boven je staan en hun instructies opvolgen.
> Ogendienst door een slaaf werd in Paulus' dagen als normaal gezien. Je was gek als je het niet deed. Dit was meer dan vanzelfsprekend. De Here wijst deze ogendienst als mensonwaardig af.
> De binding aan Christus geeft kracht om ook onder moeilijke omstandigheden te blijven werken. Hij is je hoogste heer en meester. Een slaaf is niet allereerst slaaf van zijn baas, maar van Christus. Dat geeft innerlijke vrijheid. Paulus en anderen noemen zich met nadruk 'slaaf van Christus' (Rom. 1:1; Gal. 1:10; Fil. 1:1; Jak. 1:1; 2 Petr. 1:1; Judas vers 1).

De hechte band met Christus maakt dat een slaaf tegen een stootje kan. Heel zijn arbeid is op de Here betrokken:
a. wees gehoorzaam als aan de Here;
b. benader je baas als slaaf van Christus;
c. wees in je werk dienstbaar aan de Here.
Deze band met Christus maakt duidelijk dat er heel wat aan de hand moet zijn, wil een slaaf ongehoorzaam zijn.

8.5.2   Loon naar werken (vers 8)
Paulus zegt: God beloont werk. Is dit niet een riskante gedachte? Belijden we niet juist het omgekeerde: onze werken verdienen niet. Toch is het 'terugontvangen' heel bijbels. Kijk maar naar Jezus' gelij-kenis over de talenten (Mat. 25:14-30). Wie met de talenten gewerkt had, kreeg later extra als beloning. Je zaligheid verdienen kan niemand, maar aan de 'overkant' in het rijk van zaligheid zul je je loon vinden en zal er verschil in loon zijn.

8.5.3   Bazen, lees even terug (vers 9)
"Wilt u weten, heren, hoe u zich moet gedragen, kijk dan in de arbeidsvoorwaarden van uw slaven." Het is volstrekt ondenkbaar dat

98

zoiets gezegd zou worden. Toen niet en wellicht ook nu niet. In feite doet Paulus het wel. Paulus kijkt de heren in de kerk niet naar de ogen. Hij heeft voor de heren nog een kort woord.

Wie van de heren broeders het idee had dat het woord voor de slaven niet voor hem was, wordt uit de droom geholpen. Zij zullen leren uit wat Paulus aan de slaven had te zeggen. Hij zegt (letterlijk): doe deze dingen evenzo bij hen. Met andere woorden: behandel hen als voor de Here. Dus: wees dienstbaar.

> In het licht van heel de Bijbel krijgt dit woord extra accent. Immers, een heer heeft macht. De slaaf kan van die macht de dupe worden. Gebeurt dit laatste, dan ontsteekt God in toorn. Zijn hart bloedt als de zwakkere in het nauw wordt gebracht (zie bijvoorbeeld Am. 5:11).

Voor God maakt het niet uit of Hij te maken heeft met een heer of met een slaaf (zie ook: 1 Kor. 7:22). De heren mogen gehoorzaamheid verlangen, maar het uiten van dreigementen past hun niet.

8.6 Betekenis voor vandaag

a. Gehoorzaamheid, maar hoe?
De Here wil door het geven van gezag bescherming bieden. Hierbij past een open spreken over gezag. Ouders zullen zich kwetsbaar opstellen, als kinderen moeite hebben met dingen die hun ouders van hen vragen. Juist omdat vader en moeder ook 'maar' gezag gekregen hebben. Soms is er keiharde noodzaak om elke gehoorzaamheid te weigeren, als de uitoefening van gezag veel meer oproept dan verbittering; als er sprake is van lichamelijke of geestelijke mishandeling. Wie met incestslacht-offers in aanraking komt, zou het wel in de kerk willen uitschreeuwen: kinderen, gehoorzaam je vader (of je leraar) niet, die van je lichaam misbruik wil maken. Zij hebben van God gezag gekregen om te dienen. Daarom is het zo erg als ze dat gezag misbruiken.

Wat kunnen we hier leren? Veel, maar niet alles. Paulus geeft geen cursus opvoedkunde. Hij wijst gehoorzamen aan als een goddelijk principe. Dit principe vraagt in een elke concrete situatie om een eigen toepassing. En verder: waarvoor wordt gehoorzaamheid gevraagd? Gehoorzaamheid van "schoenen uit bij de deur" is anders dan wanneer je erop staat dat je kind geen schuttingtaal bezigt. Gehoorzaamheid van een achttienjarige is anders van inhoud dan die van een zevenjarige. De eerste kun je niet tot kerkgang dwingen. Kinderen tot de orde roepen met een simpel beroep op de plicht tot gehoorzamen (Ef. 6:1) maakt van een bijbeltekst een machtwoord. Nu lijkt gehoorzaamheid vandaag een besmet woord. We leven in een 'overlegcultuur'. Maar we mogen ons het bijbelse principe van gehoorzaamheid niet laten afnemen.

b. Voorleven

Het onderwijs en de terechtwijzing zijn nauw verbonden aan de wet van God.

Het gaat om een onderwijzing op een heel natuurlijke manier. De Here laat het gebeuren op allerlei 'gewone' momenten (Deut. 6:7). Het hoort bij het leven. Dit vraagt van de ouders aandacht en energie. Ouders zullen zich verdiepen in wat de Here van hen vraagt, als zij kinderen mogen opvoeden.

Het gaat tegelijk om meer dan het doorgeven van de geboden van de Here. Ouders zullen het leven met God aan hun kinderen 'voorleven'. Het vraagt ook van hen dat zij goede aandacht geven aan wie hun kind is en in welk leefklimaat het opgroeit. Dit vraagt tijd. Deze activiteit heeft hoge prioriteit. Andere activiteiten zijn ook belangrijk, waaronder die voor de kerk. Maar het mag niet ten koste gaan van het gezin.

c. Smaken verschillen

Er is verschil tussen de geboden van de Here en de smaak van mensen. God maakt elk mens met eigen ideeën en gewoonten. Elk kind is uniek. Het mag van God zichzelf zijn. Niet een ander. Hij of zij hoeft geen kopie van vader of moeder te worden. Wie als ouder zijn smaak of gewoonte aan een kind wil opleggen, tast in de opvoeding mis. Het blijvende besef is nodig: mijn kind behoort allereerst toe aan Jezus Christus. Deze plaatste het in een gezin. Een kind dat alleen een jas mag kopen naar de smaak van moeder, kan zichzelf niet zijn. Ouderlijke voorkeuren en gewoonten horen niet tot de geboden van de Here.

Aan de andere kant kunnen kinderen hun ouders tot wanhoop drijven door het stellen van eisen waar vader en moeder de mogelijkheden niet voor hebben. Bijvoorbeeld omdat het per se kleren van een bepaald merk moeten zijn. Dan worden wensen tot eisen die kinderen aan hun ouders niet mogen stellen.

d. Op de werkvloer

Wat is precies gezag? Het laat zich niet in een vaste formule vangen. Gezag thuis is anders van aard dan gezag op het werk. Gehoorzaamheid die ouders mogen vragen, kan een directeur op die manier niet van een werknemer verlangen of een schoolbestuur van een leraar. Van een werknemer mag gevraagd worden "dat hij zich *schikt naar de leiding* van mensen die boven hem staan en bevoegd zijn hem instructie te geven" (J. Douma).

We mogen God diep dankbaar zijn dat de slavernij is afgeschaft. Helaas is de slavernij in het verleden, met een beroep op Paulus, verdedigd. Het erkennen van gezag op de werkplek is geen verleden tijd. De overheid en de leraar op school danken hun gezag aan God. Deze heeft het 'voor het zeggen'. Een gezagsdrager heeft 'iets te zeggen'. Ook al gelooft de grote massa van deze relatie niets. De christen-werknemer en -werkgever kunnen er niet omheen.

De apostel Paulus geeft geen model van een juiste arbeidsverhouding. Hij schrijft over de houding in een concrete situatie, waarin van gezag sprake is. De 'heer' en de 'slaaf' hebben allereerst rekening te houden met de Here. En de Here vraagt van hen een liefdevolle benadering, waarin niet mensen maar God naar de ogen wordt gekeken. Dat is het blijvende, ook voor vandaag.

Het gezag wordt vandaag mee bepaald door de afspraken die in een arbeidscontract zijn gemaakt, waarin ook de rechten van de werknemer zijn vastgelegd. Een goed contract is een contract van liefde.

Zonder gezag is geen samenleving mogelijk. De houding die Paulus beschrijft in de relatie 'heer-slaaf' vraagt vandaag om concrete toepassing in een andere situatie.

8.7 Tips voor inleiding en voorstudie

1. Van kinderen gehoorzaamheid vragen, vereist een goede inbedding in een gezond leefklimaat, waar op een heel natuurlijke wijze de regels en geboden aan de orde komen. Wie louter let op handhaving van regels, schiet tekort. Geef aan hoe dit door Mozes heel praktisch wordt uitgewerkt (zie Deut. 6:4 -7).
2. In het gebed bij de doop zeggen we tegen de Here dat het gaat om zijn kind. Een gedoopt kind is eerst van de Here. Het wordt niet in het gezin gedoopt, maar in de kerk. Wat betekent dit volgens u voor de houding van de ouders en van de andere leden van de kerk tegenover de kinderen?
3. Betrek bij het onderdeel over de slaven wat de apostel Petrus over hen schrijft in 1 Petrus 2:21-23.
4. Maak duidelijk wat in de huidige relatie tussen werkgever en werknemer van essentieel belang is (zie naast Ef. 5:5-9 ook: Gal. 3:28; Kol. 3:11; zie bij literatuur: J. Douma, *Vrede in de maatschappij*).
5. Paulus heeft het over beloning. Tegelijk weten we dat wij onze zaligheid niet kunnen verdienen. Dit roept vragen op. Werk de

beantwoording uit aan de hand van Efeze 6:8, Efeze 2:8-10 en Kolossenzen 3:22-25.

6. Een Griek van stand vond werken iets voor de slaven. Ga na wat Paulus' mening over werken is (zie: Hand. 18:3; 1 Kor. 7:20-24; 2 Tess. 3:10).
7. Geen ogendienst sluit aan bij het handelen van de Here. Geef aan hoe Jakobus daarover spreekt (Jak. 2:1-9).

8.8 Handreiking voor de bespreking

1. Hoe verkoop je 'gehoorzaamheid' in de samenleving van vandaag?
2. Ouders hebben beloofd hun kinderen te onderwijzen en te laten onderwijzen (derde vraag doopformulier; zie ook de opdracht in Deut. 6:4 -7). Hoe creëren ouders in de drukte van deze tijd nog goede gelegenheid voor onderwijs en opvoeding? Hoe reageert u op de uitspraak: een gereformeerde school is een vloek voor ouders die het onderwijzen graag aan de school overlaten?
3. Welke voorbeelden geeft de Bijbel van een positieve en een negatieve opvoeding?
4. Wij staan niet op het punt om het land Kanaän in te gaan om er goed en lang te leven. Op welke manier is Gods belofte van het goede en lange leven concreet voor ons? (Zie Ef. 6:3.)
5. Een brief als die van Paulus werd in de gemeentelijke samenkomst voorgelezen. Heeft deze rechtstreeks aan kinderen gerichte boodschap ook betekenis voor de aandacht voor kinderen in de kerkdienst? Zo nee, waarom niet? Zo ja, op welke manier geef je daar vorm aan?
6. Het zorg-bieden aan oude ouders valt ook onder het vijfde gebod. Tot hoever gaat die zorg?
7. Wij kennen geen slaaf-heerverhouding meer. Toch is wat Paulus schrijft voor ons van belang. Wat is tijdgebonden en wat niet?
8. Wat doet u als werkverhoudingen tussen de chef en u (of uw afdeling) verstoord zijn?
9. Kan een christen staken?

8.9 Literatuur

Bijbelse Encyclopedie, Kampen 1975 (zie onder: Efeze, slaaf).
F. Bikker e.a. , *Kinderspel, mensenwerk*, Kampen 1996 (over opvoeding en gezag).

Calvijn, *Zendbrieven*, vierde deel, Goudriaan 1972 (Efeziërs, pag. 95-102).

Christelijke Encyclopedie (eerste reeks), (zie onder: gezag, kind, slavernij).

Christelijke Encyclopedie (tweede reeks), (zie onder: gezag, kind, opvoeding, slavernij).

J. Douma, *Tien Geboden*, deel 2, Kampen 1986 (pag. 81-90, over het eren van vader en moeder).

J. Douma, *Vrede in de maatschappij*, Kampen 1986 (pag. 163-177, over medezeggenschap, gezag en staking).

L. Floor, *Efeziërs*, Kampen 1995.

S. Greijdanus, *Korte Verklaring op Efeziërs*, Kampen 1962.

Wegwijs, uitgave van de Bond van Verenigingen van Gereformeerde Vrouwen en de Bond van Gereformeerde Bijbelstudieverenigingen, jaargang 49, 1995 (nr. 3, over het gezin).

9 Goed gewapend

Efeze 6:10-24

9.1 Inleiding

Hebt u wel eens ervaren hoe moeilijk het is om de tv bij een bepaald programma uit te zetten? Zo'n simpele handeling. De afstandsbediening wellicht binnen handbereik. En toch...

Dan voel je soms dat sterke krachten aan het werk zijn. En dan vraag je: wie kan als christen vandaag nog zuiver leven?

Vanuit onze samenleving wordt zoveel gedaan dat strijdt met het Woord van God. Er is veel dat ons wil afleiden van het dienen van de Here. Zonde hult zich vaak in een betoverend mooi jasje dat je gemakkelijk aantrekt.

Om als christen te leven, moet je wel heel sterk in je schoenen staan. Er zijn sterke tegenkrachten aan het werk. Maar laten we de schuld niet op anderen schuiven en doen als die man die dronken was geweest en zei: ik ging met slechte vrienden uit. De Here roept u en mij onder de wapenen. Er moet gestreden worden. De Here biedt ons een gevechtstenue. Om de tegenkrachten de baas te blijven. En we lezen hoe we moeten vechten.

9.2 Algemene opmerkingen

a. Het begin van de strijd
Bijna vanaf het begin van de schepping is er strijd gaande. Allereerst in de engelenwereld. Een grote groep engelen kwam tegen God in verzet. Satan, de leider, bracht de strijd over naar de mensenwereld. Adam en Eva luisterden niet naar God maar naar een slang, die een spreekbuis was van satan. Eva raakte betoverd door het verhaal van satan. Als zij van de 'boom van kennis van goed en kwaad' at, zou ze op gelijke hoogte met God komen: 'kennende goed en kwaad'. Adam volgde zijn vrouw en nam ook van de verboden vrucht. In de confrontatie die daarop met alle betrokkenen volgde, bond God zelf de strijd aan. Hij zou de satan verslaan (Gen. 3:15). Om Adam en Eva en zoveel anderen te redden. Wie vandaag praat over strijd, ziet hier het begin.

b. De strijdsituatie vandaag
Toch leven we vandaag in een andere situatie dan toen Adam en Eva in
zonden waren gevallen. De strijd heeft een beslissende wending genomen, zelfs zó, dat de winnaar al bekend is: Jezus Christus, de Zoon van
God. Hij heeft de satan overwonnen. De allesbeslissende slagen zijn al
geleverd. Jezus' dood, opstanding en hemelvaart zijn die slagen. Satan
en de zijnen hebben definitief verloren. Zij weten dat en zij sidderen
voor God (Jak. 2:19). Na de hemelvaart van Christus is de hemel voor
hen 'verboden toegang' geworden (Op. 12:4-9).
Vast staat nu: het verloren paradijs komt in nieuwe stijl terug. En tot
het moment dat de deuren van dit paradijs opengaan, heeft satan op
aarde nog de ruimte. De dagen van Golgota en van Jezus' opstanding
brachten de beslissende overwinning (D-day). Maar de glansrijke dag
van victorie (V-day) komt nog: als Jezus weer op aarde verschijnt. Dan
maakt Hij een einde aan elke haard van opstand en verzet. Satan en de
zijnen worden dan voorgoed van de aarde verwijderd.

c. Standhouden
Satan buit de tijd die hem nog rest, tot en met uit (1 Petr. 5: 8). Hij wil
mensen voor zijn ideeën winnen. Hij jaagt mensen tegen elkaar in het
harnas. Dit kost strijd. De Here waarschuwt door zijn apostel: doet de
wapenrusting van God aan om te kunnen standhouden (Ef. 6:11).
Standhouden! Met minder kan het niet. Meer hoeft ook niet. Want de
overwinning is al behaald. Maar de krachten van de tegenstand tegen
God en de zijnen zijn niet achter de horizon verdwenen. Nergens
anders wordt door de apostel zo uitvoerig over strijd en bewapening
geschreven dan hier. Dit krijgt extra betekenis als je let op de zorgen
die Paulus over de gemeente heeft. Is hij bang dat ze de strijd staakt?
In de slotzin van deze brief ligt een dringend appèl opgesloten.

d. Het mooie van strijden
De oproep tot strijd kan een akelig gevoel geven. Strijden is niet leuk.
Maar Paulus weet ook andere dingen van de strijd te zeggen. Wie in het
gevecht de hulp van de Here verwacht, mag ook mooie dingen meemaken. Paulus schrijft bijvoorbeeld een keer aan zijn vriend Timoteüs:
strijd de goede strijd van het geloof (1 Tim. 6:12). Het goede van deze
strijd heeft niet de klank van: het is zinvol, nee, het is mooi, het is iets
fijns. De apostel maakt er reclame voor. Je mag in de strijd jagen naar
fijne dingen en je ontvangt het eeuwige leven (1 Tim. 6:11, 12).

9.3 Zekerheid vooraf (vers 10)

Wie een strijd aangaat, is nooit van tevoren zeker van de overwinning. In de door Paulus genoemde strijd ligt dit anders omdat de aanvoerder bekend is: Jezus Christus. Deze heeft al gezegevierd.

We lezen van deze zege meteen aan het begin van de brief: Jezus Christus staat boven alle overheden, macht en kracht en heerschappij. En Hij heeft alles onder zijn voeten gesteld (zie: Ef. 1:21). Wie gelooft en strijdt, is verbonden met deze overwinnaar.

Paulus heeft de belangrijkste dingen bijna allemaal gezegd en hij gaat afronden. Dat ervaar je bij Efeze 6:10. Het eerste woord van dit vers kan het beste worden weergegeven met het woord 'tenslotte'. "Tenslotte, zoek uw kracht in de Here" (Ef. 6:10). Dan bent u er zeker van dat uw strijd een succesvolle afloop heeft.

9.4 Niet gáán, maar blijven stáán (vers 11, 12)

De kracht van God krijgt vervolgens concrete vorm in het aantrekken van een wapenrusting. Het is geen zelfgemaakt tenue. Het wordt ons door God aangereikt. Elk onderdeel van de uitrusting is een gave van God. De strijd gaat tegen de duivel. Hij wil verleiden tot zonde. Op allerlei manieren: het gaat om verleidingen (meervoud!). Om daartegen bestand te zijn, heb je een gevechtspak en wapens nodig.

Een soldaat kent verschil in wapenrusting. Je hebt een lichte uitrusting en een zware. Paulus gebruikt een woord dat duidelijk maakt dat het om het laatste gaat. Je bent maar niet op patrouille voor een routinecontrole. Je bent op oorlogspad.

Het accent ligt op standhouden: verdedigen. Het is niet zozeer erop áfgaan, maar blijven stáán. In vers 13 herhaalt Paulus het woord standhouden. En in vers 14 schrijft hij: stelt u dan op. Ga stevig op je geestelijke benen staan. Hij zegt niet: val aan om te winnen.
Dat heeft betekenis voor onze instelling. Wij hoeven zelf niet zoveel. Een kerk die het gevecht aangaat om invloed en macht te krijgen, strijdt verkeerd. Wij hoeven de duivel en zijn medewerkers niet nog eens te verslaan. Dat is al gebeurd. Paulus merkt op: trek de wapenrusting aan om te kunnen standhouden. Wie het doet, kán het dus ook! Tegen onze doodsvijanden: de duivel, de wereld en ons eigen vlees (zondag 52 HC). Dan blijf je ook de tv de baas.

9.5 De tegenstanders (vers 12)

Wie zijn de tegenstanders? Geen mensen zoals wij: van vlees en bloed. Het gaat om engelen die tegen God in opstand zijn gekomen. Aan het begin van de wereld. Ze hebben veel ervaring. Ze verblijven in boven-aardse gebieden, hemelse gewesten; niet te verwarren met de hemel als woonplaats van God. Paulus typeert de invloed en kracht van deze tegenstanders met voor ons herkenbare namen: overheid, macht en wereldbeheersers. Hun ideeën en plannen laten zij door mensen en machten op aarde uitvoeren. Denk bijvoorbeeld aan regeringsleiders, 'denkers', schrijvers, makers van radio- en televisieprogramma's die zich als vijanden van het christelijk geloof manifesteren.

Paulus laat merken dat niet alle mensen dit gevecht hoeven te voeren. De kinderen van God hebben ermee te worstelen. Voor hen wordt het zwaar (zie ook 1 Petr. 5:8).

9.6 Het doel van standhouden (vers 13)

De 'boze dag' met zijn aanvallen van satan was er toen, in Paulus' dagen. De boze dag is er ook nu (1 Petr. 5:8). We hoeven bij de boze dag niet aan één speciale dag te denken. In dit vers ervaren we dat er naast strijden méér is. Vechten is geen doel op zichzelf.
We hebben een taak van God gekregen (zie ook Ef. 2:10). Wij zullen God dienen op de plaats waar we leven en werken. Met de gaven die wij van Hem hebben gekregen. Over deze dienst hebben we eerder in deze brief kunnen lezen (Ef. 4:1-16). Het uitvoeren van onze taak gaat niet zonder strijd gepaard. Blijf werken en strijden in de tijd die God je geeft. Dan blijf je tot het einde toe op de been.

In sommige bijbelvertalingen komt dit hebben van een taak niet zo goed uit de verf. Wel in de NBG-vertaling: "uw taak geheel vervuld hebbende" (Ef. 6:13).

9.7 De onderdelen van onze uitrusting (vers 14-17)

We gaan ons gevechtstenue nu van dichtbij 'bekijken'.

Gordel: oprechtheid (vers 14)
Een soldaat uit vroeger tijd bond zijn kleed op met zijn gordel. Dit was een stevig aanhechtingspunt. Met tot aan de voeten neervallende kleren kon hij niet vechten.

Bijbeluitleggers wijzen erop dat de passage over 'waarheid' letterlijk luidt: omgord u "met waarheid" en niet "met de waarheid". Het woordje 'de' ontbreekt. Dit betekent dat het hier niet gaat om dé waarheid: de Bijbel. Bedoeld is een oprechte houding van de strijder. Hij moet integer zijn. Wie dit als gordel bezit, struikelt niet.

Pantser: gerechtigheid (vers 14)

Het pantser van een soldaat bedekt zijn borstkas. Daarbinnen bevinden zich de kwetsbare delen, zoals het hart. Een soldaat zonder pantser was in feite ten dode opgeschreven. Het gaat om het pantser van de gerechtigheid. Het brengt ons in de sfeer van het recht.

Het woord gerechtigheid in het Nieuwe Testament wordt op twee manieren gebruikt. De ene keer bedoelt de bijbelschrijver: de gerechtigheid van God; de andere keer: de gerechtigheid van de mens. Het eerste houdt in: vrijspraak van zondeschuld die Christus voor je heeft verdiend. Het tweede is: je leven inrichten naar de wil van God; gehoorzaam zijn aan zijn geboden. Bij dit pantser gaan we uit van het laatste. Denk hierbij terug aan allerlei praktisch gerichte oproepen over onze manier van leven in Efeze 4:17-5:21. Je bent zelfs als nieuwe mens voor het leven in gerechtigheid geschápen (Ef. 4:24; Ef. 5:9).

Schoenen: de ijver voor het evangelie van de vrede (vers 15)

Schoenen wijzen op 'actiebereidheid' en op 'stevigheid'. Een Romeins soldaat liep zijn lange marsen op schoenen. Hier betekent het: trek de stevige schoenen van de "ijver voor het evangelie van de vrede" aan. (We volgen hier de Willibrordvertaling.) Voor dit evangelie wil je pal staan. Je wilt als soldaat onvermoeid trouw zijn aan de God van de vrede. Bij vrede gaat het allereerst om de vrede die we met God mogen hebben, dankzij Christus. Dit evangelie vraagt ook om vrede tussen kerkleden. In de gemeente van Efeze heerste helaas onvrede. (Zie: Ef. 2:14, 17; 4:3.) Het aantrekken van de schoenen doet op hen een appèl: laat ruzie in de kerk niet zitten. Kom in actie om de vrede terug te halen. Wie zich voor dit evangelie inzet, moet rekenen op verzet maar hij staat sterk. Niet alleen binnen de gemeente. Ook in contact met ongelovigen. Maar je komt met een boodschap van een God die echte vrede geven kán.

Dit gedeelte over de schoenen wordt nogal eens in verband gebracht met de opdracht tot zending en evangelisatie. Dit als gevolg van de vertaling die luidt: "de voeten geschoeid met de bereidvaardigheid van het evangelie van de vrede" (NBG-vertaling). Bij de uitleg wordt dan teruggverwezen naar Jesaja 52:7. Daar is sprake van een vreugdebode die over de bergen aan komt lopen om vrede aan te kondigen. Vanuit de gekozen vertaling (Willibrordvertaling) ligt de nadruk niet op evangelisatiearbeid, al blijft dit wel in beeld. Het accent komt sterker te liggen op 'inzet' ten dienste van de 'vrede'.

Schild: het geloof (vers 16)

Neem ook een schild. Tegen de vijandelijke pijlen. Kenmerkend voor pijlen is dat ze je zo onverwacht raken. Het gevaarlijke komt nog eens extra uit in het feit dat ze in brand zijn gezet. Het wijst op het raffinement van de kant van satan. Wees extra op je hoede. Vergeet je afweer niet.

In Paulus' dagen vochten soldaten op het slagveld met grote schilden waarover huiden gespannen waren. Voor het gevecht werden de huiden nat gemaakt om de brandende pijlen te kunnen doven.

Het schild is het geloof. Geloof is de innerlijke zekerheid dat je op God altijd aankunt. Stem je leven af op Hem en wees Hem zonder tegenspreken gehoorzaam. Dat maakt je bestand tegen de meest gevaarlijke acties van satan. Deze wil graag dat we de woorden van God niet zo serieus nemen en dat we ons om de zonde niet zo druk maken.

Helm: heil (vers 17)

Wat is een soldaat zonder helm? Een soldaat met ontbloot hoofd is uiterst kwetsbaar. Een slag van een zwaard en je bent er geweest. Wat deze dodelijke bedreiging opheft, is de helm van het heil. Bij heil gaan onze gedachten uit naar onze Heiland. Deze naam betekent: redder. Dankzij het offer van Christus is er doeltreffende bescherming. Hij wilde voor onze zonden betalen. Wie de helm van heil opzet, zal zich ook van zijn eigen nood bewust zijn: ik moet met mijn zondeschuld naar Jezus. En als ik ga, ben ik gered (Ef. 2:5). Deze helm heb ik echt nodig.

Zwaard: het Woord van God (vers 17)

God geeft voor het standhouden ook een zwaard. Dit is het Woord van God. Het is door apostelen en profeten gesproken en vervolgens opgeschreven. Voor ons is dit de Bijbel, van Genesis tot Openbaring. Wie aan de Bijbel tornt, vecht met een stomp of afgebroken zwaard. (Zie voor de verbinding tussen Woord en Geest: 2 Petr. 1:21.) Het Woord van de Here houdt zijn kracht, overal waar het wordt uitgedragen. Dit wapen is, geleid door de Geest, ijzersterk. Let erop dat het zwaard het enige wápen is in de verdediging. Daarmee kan de vijand ook worden teruggeslagen en geveld. Alleen met het Woord van God!

9.8 Veel bidden en trouw waken (vers 18)

De Here leert ons door zijn dienaar Paulus: pas goed op uzelf. Let op uw wapenrusting. Maar daar hoort bij: het gebed. Het kan er niet zonder. Wees een biddend strijder. Wie bidt om geloof, vraagt om het schild. Wie om kracht vraagt om naar de wil van God te leven, vraagt om het pantser. Bid vaak, zo laat de apostel weten. Naast bidden spreekt hij over "smeken". Wie smeekt, vraagt heel gericht en concreet om wat hij of zij in de strijd nodig heeft. Vanuit onze strijdsituatie zullen we heel regelmatig verbinding leggen met onze commandopost in de hemel (zie Ef. 1:22). Naast bidden zullen we ook goed uit onze ogen kijken. Weet wat er in de wereld te koop is en waar het gevaar dreigt. En verder: bid niet alleen voor jezelf, bid ook voor de medegelovigen.

9.9 Bidden voor Paulus (vers 19, 20)

Paulus vraagt vervolgens: broeders en zusters in Efeze, bid ook voor mij. Hij, als apostel, staat niet boven maar naast zijn medebroeders en -zusters. De vrijmoedigheid om over de Here te praten, kan ook bij hem zomaar verminderen. U en ik mogen ook aan anderen vragen: "wilt u voor me bidden?" Mooi is dat.

De apostel gebruikt voor zichzelf de officiële benaming van gezant. Voor belangrijke boodschappen zond een keizer of koning zijn speciale afgezanten. Paulus weet zich de 'gezant' van Jezus, zijn koning in de hemel. Daar verandert zijn gevangenschap onder de aardse overheid in Rome niets aan. Maar in die situatie heeft ook hij het gebed van de gemeente nodig.

En ondanks alles blijft hij verkondiger van het grote geheim: ook voor niet-joden wil Jezus de redder zijn (zie Ef. 3:6). Dat werk moet doorgaan.

9.10 Persoonlijke ontmoeting (vers 21, 22)

Om de mensen op de hoogte te stellen hoe het met hem gaat, heeft Paulus zijn vriend en broeder Tychicus gezonden. Deze kan hun innerlijke versterking geven. Juist door Paulus' gevangenschap zitten ze in de put (Ef. 3:13). Van de ontmoeting met andere christenen gaat een sterke bemoediging uit. Vooral in moeilijke situaties.

Paulus weet zelf wat het is. Toen hij de spannende en loodzware tocht als gevangene naar Rome maakte, was hij zielsblij toen hij de broeders ontmoette (Hand. 28:15).

In een dergelijke bemoediging ervaren we de grote betekenis van de kerk. De Here vergadert geen individuele gelovigen, maar een volk waarin men om elkaar geeft. De brief aan Efeze zegt veel over die indrukwekkende kerk van Christus. Juist ook in die kleine dingen van bemoediging en het bieden van steun tijdens ontmoetingen met medegelovigen.

9.11 Slotwoord (vers 23, 24)

De apostel gaat zijn brief besluiten. Hij wenst de gemeenteleden "vrede" en "liefde" toe. Hij noemt hen met de naam "broeders". Dit drukt de nauwe verbondenheid uit. Met broeders heeft de apostel ook de hele gemeente op het oog. Paulus heeft eerder al laten merken dat de onderlinge vrede in de gemeente hem na aan het hart ligt (Ef. 4:2, 3). Het verkrijgen van goede verhoudingen kan niet zonder geloof. Geloof roept de broederliefde wakker. Moge God het hun geven.

Vers 23 vormt op zich al een afsluiting. Toch volgt er nog een tweede slot: vers 24, waarin Paulus de gemeente Gods zegen toewenst. Het is tegelijk een appèl waaraan je merkt waar Paulus' zorgen liggen.

Door dit dubbele slot lijkt het waarschijnlijk dat het laatste eigenhandig door Paulus is geschreven. Nadat zijn secretaris alles heeft genoteerd, komt nu nog een persoonlijke regel van Paulus zelf (vergelijk: 1 Kor. 16:21; Gal. 6:11; Kol. 4:18).

In de oproep klinkt de waarschuwing door: gemeente van Efeze, toets uzelf. Waar staat u? Staat u in een goede verbinding met Christus? Meer letterlijk vertaald, luidt de laatste zin: "De genade met allen die onze Here Jezus Christus liefhebben in onvergankelijkheid". Het onderstreept de uitgestoken hand van God.

In het woord "onvergankelijk" ligt de dringende oproep opgesloten om:
– de Here te blijven liefhebben;
– de waarheid over Jezus, zoals Paulus die heeft geleerd, niet te veranderen.

Je proeft de zorg bij Paulus.

Stelt u zich een moment de situatie in de kerk van Efeze voor. Als de voorlezer met het lezen van de brief klaar is, zijn dit zijn laatste woorden: "in onvergankelijkheid". Paulus stelt hen niet alleen de zegen van God (vrede en genade) voor maar doet ook een appèl: houd vol. Anders mis je de zegen van God. Heb Christus blijvend lief! Met andere woorden: blijf bij het evangelie dat ik, Paulus, u mocht verkondigen.

9.12 Betekenis voor vandaag

a. Het wapen van het Woord
Voor de grote kerk van Neuchâtel staat een beeld van de bekende reformator Farel. Hij was een vriend van Calvijn. Farel staat afgebeeld als een strijder. Aan zijn voeten ligt de tegenstander. Die is verslagen. Het wapen dat Farel omhoog heft, is de Bijbel. Daarmee is de strijd tegen de kerk van Rome gestreden en de zege behaald.
De Bijbel neemt in onze wapenrusting een centrale plaats in. Wie aan de inhoud van Gods Woord tornt, raakt het zwaard van de Geest kwijt. Dan ben je machteloos (zie Ef. 4:14).
Je brengt je wapenrusting onherstelbare schade toe en je brengt ook de kerk in groot gevaar. Maar als het Woord van de Geest terugkeert in de kerk, gebeuren er grote dingen. Denk aan de grote Reformatie (Luther en Calvijn) en aan andere momenten van kerkherstel.

b. Geestelijke strijd
Kerkleden zouden eens kunnen denken dat zij alleen tegen mensen te vechten hebben. Dat zou nog te proberen zijn, omdat het gaat om net zulke mensen als wij: mensen van vlees en bloed. De strijd met bovenaardse machten is veel zwaarder.
Lijdzaam afwachten of alles aan de Here overlaten, gaat niet. De kerk zal op oorlogssterkte paraat moeten zijn.
Het gaat in de strijd om de verdediging van ons denken, ons voelen, ons doen en laten. We belijden in zondag 52 van Heidelbergse Catechismus dat we te maken hebben met een 'geestelijke strijd'. Deze strijd is zo zwaar, omdat het heel verleidelijk is om naar het kamp van satan over te lopen. Zijn ideeën en plannen zijn gewild. Velen lopen ermee weg. Ons zondige hart geeft er heel gemakkelijk aan toe. Voor je het weet, ben je erdoor meegenomen. De grootste verleiding is dat we de strijd niet zien, of denken dat deze elders plaatsvindt, bijvoorbeeld daar waar broeders en zusters om hun geloof worden vervolgd.

c. De verleidingen van satan vandaag
De verleidingen van satan komen op allerlei manieren op ons af. Vooral langs de weg van de leugen. Hij wordt genoemd de 'vader van de

leugen' en keert zich tegen de waarheid van God (zie: Joh. 8:44; Rom. 1:25). Voor velen gaat steeds meer gelden: goed is wat ik wil, of: goed is wat goed voelt. De beschermende muren om het leven worden weggehaald. Allerlei vormen van alternatieve religie dienen zich aan. Zo worden geesten in de lucht openbaar. En waar de leugen komt, wijkt de liefde. Wie kan tegen de verleidingen op?

Maar God stelt zijn kracht aan ons beschikbaar (Ef. 6:10). We mogen erom vragen (Ef. 6:18).

d. Het ontspannende

Het gevecht zoals Paulus dat beschrijft, kent ook iets wat rustig maakt. Wij (!) hoeven niet zoveel. Het is niet: met zijn allen in de aanval. Het is: blijven staan en de wapenrusting die onze hemelse aanvoerder ons geeft, aantrekken. En dan standhouden.

Het blijkt dat de kracht van dit gevechtstenue wordt bepaald door de Heilige Geest en door de kracht van het Woord van God.

De Here zegt dat we ons als goede soldaten zullen 'opstellen'. Dit betekent dat we door de Here op een post worden neergezet. Ieder in eigen situatie. Weglopen, bang zijn? Nee. De grote beslissing in de strijd is al gevallen. Onze Here Jezus is de winnaar.

De kerk gaat niet over tot de aanval om een overwinning te behalen. Ook niet als zij uitgaat om de boodschap van het evangelie uit te dragen. De kerk mag de overwinning van Christus verkondigen. En niet wij kunnen, maar de Geest van God kan het hart van onze medemens veroveren.

9.13 Tips voor inleiding en voorstudie

1. Wat leren we nog van andere teksten die over strijd gaan, dat niet in Efeze 6 wordt genoemd? (Zie: 2 Kor. 6:7; 2 Kor. 10:3-6; 1 Tess. 5:8; Jak. 4:2; 4:7; 1 Petr. 1:13; 2:1; 5:8, 9, 12; Judas 24.)
2. Het vechten met het zwaard vraagt om oefening in het kennen van het Woord van God. Dit vraagt om bijbelstudie. Werk concreet uit hoe we met de andere onderdelen van de wapenrusting omgaan.
3. Bijbelse voorbeelden.
   a. Geef aan wat de kracht en ook de zwakheid in het leven van koning Josafat waren (zie 2 Kron. 20). Probeer daarbij verbanden te leggen met de inhoud van Efeze 6:10-20.
   b. Welk verschil en welke overeenkomst zijn er tussen de militaire strijd tegen Amalek (Ex. 17:8-16) en de geestelijke strijd zoals ons wordt getekend in Efeze 6:10-20?

4. Laat zien op welke wijze de Here Jezus tegenover de duivel, als tegenstander, het zwaard van de Geest gebruikte (zie: Luc. 4:4, 8, 12).
5. Er zijn niet alleen onzichtbare tegenstanders. Er zijn voor de gelovigen ook onzichtbare hulptroepen. Welke zijn dat en hoe treden ze op? (Zie: 2 Kon. 6:15-18; Mat. 18:10; Joh. 5:4; Hand. 12:15; 2 Tess. 1:7.)
6. Zie voor gegevens over Tychicus: Handelingen 20:4; Kolossenzen 4:7; 2 Timoteüs 4:12; Titus 3:12.
7. We hebben de brief aan Efeze nu in zijn geheel gehad. Er is blijdschap over de gemeente maar er klinkt ook zorg door. Kunt u iets van de ontwikkelingen van de gemeente zeggen? Ga na wat Paulus er eerder van zei (zie Hand. 20:28-38) en vervolgens wat Jezus constateerde (Op. 2:1-7).

9.14 Handreiking voor de bespreking

1. Waarin zien we de tegenstand tegen de gelovigen vandaag vooral zichtbaar worden? Aan welke onderdelen van onze wapenrusting moeten wij extra zorg besteden?
2. Een belangrijk gebedspunt is het bidden voor elkaar (Ef. 6:18). Paulus vroeg het ook voor zichzelf. Het ging hem om het behoud van zijn vrijmoedigheid. Waar kunnen we in het gebed aandacht voor vragen, als we letten op de verschillende onderdelen van onze wapenrusting?
3. In de strijd wordt het belang van het kennen van de Bijbel duidelijk. Op de bijbelstudievereniging staat de Bijbel centraal. Komt het bidden op de vereniging er mogelijk bekaaid af? Hoe vaak wordt door Paulus niet gewezen op de betekenis van het gebed (Ef. 1:16; 3:14; 6:18). Zijn de gebeden in de kerkdienst voldoende concreet? Zijn we in ons persoonlijk gebed genoeg concreet? Als we in het bidden tekortschieten, hoe kunnen we dat veranderen?
4. Welke twee bondgenoten hebben de machten uit de bovenaardse gewesten? (Zie hierbij: zondag 52 HC.) Wat is het kenmerk van elk van de drie? Hoe werken deze drie samen? Hoe kunnen we die de baas?
5. Hoe helpt de wapenrusting tegen de bedreiging van individualisme en secularisatie?
6. Wil je weten wat er allemaal op je afkomt, dan moet je weten wat er in de samenleving gebeurt. Met andere woorden: je moet je tijd kennen. Hoe bereiken we dat? Moeten we ons niet in veel meer situaties verdiepen dan we nu vaak doen? Maar loop je tegelijk niet de kans dat je je wapenrusting zwak maakt?

7. De Amerikaan Bill Hybels schreef een boek met de raadselachtige titel: *Te druk om niet te bidden*. Het was bedoeld als medicijn voor mensen die het druk hebben. Wat moet je met die uitspraak?

9.15 Literatuur

Bijbelse Encyclopedie, Kampen 1975 (zie onder: Efeze, duivel).
Calvijn, *Zendbrieven*, vierde deel, Goudriaan 1972 (Efeziërs, pag. 95-102).
Christelijke Encyclopedie (eerste reeks), deel 5 (zie onder: satan).
Christelijke Encyclopedie (tweede reeks), deel 2 (zie onder: satan).
H. Drost en J. W. Roosenbrand, *Occultisme*, Barneveld 1990.
L. Floor, *Efeziërs*, Kampen 1995.
S. Greijdanus, *Korte Verklaring op Efeziërs*, Kampen 1962.
J.I. Packer, *Oppervlakkigheid troef?*, Apeldoorn 1995 (hfdst. 4: Bubbelbad-religie, over genotzucht).
Wegwijs, uitgave van de Bond van Verenigingen van Gereformeerde Vrouwen en de Bond van Gereformeerde Bijbelstudieverenigingen, jaargang 47, 1993 (pag. 145-155, over duivel); jaargang 48, 1994 (nr. 1, over gebed en duivelbezwering).
H. Westerink, *Roep Mij aan*, Groningen 1982 (hoofdstuk 17: bidden onder tegenstand).

Voor bijbelstudieverenigingen zijn bij Uitgeverij De Vuurbaak o.a. de volgende uitgaven verschenen:

bijbelstudie-onderwerpen:

M.J.C. Blok, *De brief aan de Hebreeën*, 72 p., 5e dr.

M.J.C. Blok, *Maar één keer jong.* De tien geboden door Spreuken belicht, 144 p., 4e dr.

Tj. Boersma, *Middenin de eindstrijd.* Een praktische uitleg van Openbaring, 220 p., 2e dr.

R.H. Bremmer, *Visioenen op Patmos.* Beknopte bijbelstudies over de Openbaring van Johannes, 144 p., 9e dr.

B.C. Buitendijk, *Een losprijs voor velen.* Bijbelstudie over het evangelie naar Marcus, 96 p., 2e dr.

H.P. Dam, *Jesaja, de Redder komt!* Bijbelstudie over Jesaja 40-66, 112 p.

K. van den Geest, *De Heilige Geest.* Scala-reeks, 81 p., 2e dr.

G. Gunnink, *Het grote verhaal.* Paulus over de grote gevolgen van Pasen, 100 p.

G. Gunnink, *Mens, waar ben je?* Lucas' ontmaskering van godsverduistering, 120 p., 2e dr.

G. Gunnink, *Vrede door vrijspraak.* Bijbelstudie over de brief van Paulus aan de christenen te Rome, 112 p., 2e druk.

G. Kwakkel, *Uitgekozen!* De bijbel over vragen rond de uitverkiezing, 95 p., 3e dr.

G. Kwakkel/B. Vuijk, *Gods liedboek voor zijn volk.* Over het lezen en zingen van de psalmen, 80 p., 5e dr.

P. Lok, *De kleine profeten.* Bijbelstudies Hosea-Maleachi, 184 p., 5e dr.

H.J. Room, *Jona, profeet van God.* Bijbelstudie over het boek Jona, 68 p., 2e dr.

P.J. Trimp, *Sprekende beelden.* Bijbelstudie over gelijkenissen van Jezus, 104 p., 5e dr.

Joh. de Wolf, *Jozua en Richteren.* Het beloofde land een bedreigd bezit, 118 p.

Joh. de Wolf, *Schaduwen van het licht.* Bijbelstudie over het boek Leviticus, 96 p., 2e dr.

M.J.A. Zwikstra-de Weger, *Vraagtekens.* 124 p.

kerken en stromingen:

C.G. Bos e.a., *Nieuwe Nederlandse Kerkgeschiedenis I*, 184 p.

W.A.E. Brink-Blijdorp, *Nieuwe Nederlandse Kerkgeschiedenis II*, 208 p.

L.W. de Graaff, *Islam.* Bedreiging en uitdaging, 76 p.

A. Modderman/P. Poortinga, *Antwoord uit het verleden.* Praktische kerkgeschiedenis, 104 p.

Elise G. van der Stouw, *New Age*, Scala-reeks, 144 p., 2e dr.

belijdenissen:
J.M. de Jong, *De Nederlandse Geloofsbelijdenis I.* Toelichting op artikel 1-19, 112 p.
M.H. Sliggers, *Samen geloven, samen belijden.* Toelichting op de Dordtse Leerregels e.a., 80 p., 4e dr.

liturgie:
G. Kwakkel/B. Vuijk, *Gods liedboek voor zijn volk.* Over het lezen en zingen van de psalmen, 80 p., 4e dr.
T. Oosterhuis e.a., *Praktijkschets liturgie*, 96 p.
G. van Rongen, *Met al de heiligen I/II* en *III.* Liturgie in hemel en op aarde, 176 p./208 p.
M.H. Sliggers, *Wat is hierop uw antwoord?* Over de eredienst, de liturgische formulieren en de gebeden, 112 p., 3e dr.

Gemeenteopbouw:
B. van Veen, *Onze gemeente in opbouw.* Praktische bijbelstudies, 64 p.

E.J. Hempenius, *Bijbelstudie*, Scala-reeks, 96 p.